自分にやさしくする生き方

伊藤絵美 Ito Emi

JN178539

★──ちくまプリマー新書

484

目次 ＊ Contents

まえがき――自分にやさしくすることがなぜ必要なのか

こんにちは。伊藤絵美《いとうえみ》と申します。

私は心理職（公認心理師、臨床心理士）として、長年（かれこれ三〇年以上）、カウンセリング（心理相談や心理療法）を行ってきました。その対象は幅広く、うつ病や不安症といったメンタルヘルスの症状を抱えている人もいれば、勉強や仕事の進め方に問題を抱えている人、生活リズムが乱れて困っている人、対人関係がうまくいかず悩んでいる人、心理的なストレスが身体の症状として出てしまいがちな人、ストレス対処のためにセルフケアの方法を身につけたい人、人生の意味や目的を見失いどうしたらよいかわからないという人、トラウマの後遺症に苦しめられている人……など、実にさまざまな人がいます。

このようにクライアント（相談者のことをそう呼びます）が抱える表向きの困りごとは多種多様ですが、そこには共通する特徴があります。それは「自分に厳しい」ということです。みなさんの話を聞いていると、口癖のように出てくるのが、「自分はダメだ」「自分を信じられない」「自分が嫌い」「自分は何をやっても上手《うま》くいかない」「自分には価値がない」など、自分を容赦なく責め立てるような厳しい言葉たちです。とにかくみなさん、自分に厳しすぎるんです！　なかには「（厳しいどころか）私は自分に甘すぎる。そんな自分が大嫌い」などと言う人もいます。私から見れば、そのような人は全然自分に甘くなんかなく、「自分に甘すぎる」というレッテルを貼ることで、ますます自分に厳しくしているとしか言いようがありません。そしてその厳しさのせいで、ますます心身の状態が悪化するという悪循環にはまっています。なんということでしょう。

では、これらのクライアントがカウンセリングを通じて回復していくと、どう変化するでしょうか。もちろん個々のクライアントが抱えている具体的な問題が解決するのですが、それと同時に、みなさん、自分にやさしくできるようになります。自分に対して厳しい言葉を投げつけることが少なくなり、自分を大切にする行動が取れるようになります。逆は決してありません。自分に厳しい人がさらに自分を厳しく追い込むことによって回復したケースには、一度も遭遇したことがありません。ここから何がわかるでしょうか？

それは、自分に厳しくすることは人を幸せにしないということ、自分にやさしくすることで人は回復できるということの二点です。

自分に厳しくすることが幸せをもたらさないとしたら、ではなぜみなさん、自分に対してそんなに厳しいのでしょうか？　それは私たちの暮らすこの社会の価値観と大いに関係していると思います。小さい頃から今に至るまで、私たちは社会や周りの大人たちから、次のようなメッセージを浴びてきているのではないでしょうか。

・効率的であるべきだ
・完璧であるべきだ
・頑張るのはよいことだ
・怠けてはならない
・成果を上げなければならない
・休むのは頑張った後だ

・人に頼ってはいけない
・失敗は自己責任だ
・強くないといけない
・弱くあってはならない
・弱音を吐いてはならない
・前向きであるべきだ
・いつも元気でいるべきだ
・自分を甘やかしてはならない

これって煎じ詰めれば「自分に厳しくあれ」というメッセージですよね。つまり自分に厳しいことをよしとする社会があって、その社会から「自分に厳しくあれ」というメッセージを受けて育って、そういう社会で暮らしているのですから、私たちが自分に対して厳しいのはある意味当然のことです。そういう意味では、カウンセリングに来る人だけでなく、普通にこの社会で生きている人の多くも、やはり自分に厳しいのではないかと私は考えます。

実際、本書を書く際に編集者から高校生に対して行ったアンケートを見せてもらいました。それは「人間関係に悩んだ経験は？」「自分の嫌いなところは？」「部活や勉強に関する悩み事は？」といった問いに対する自由記述だったのですが、その回答があまりにも自分に厳しいことばかりなのに驚きました。「自分の嫌いなところは？」の回答が自分に厳しいのはまあ当然かもしれませんが（それにしてもみなさん、自分の嫌いなところを「これでもか」というぐらい次から次へと挙げまくっており、読んでいる私がつらくなりました）。他の問いへの回答にも、たとえば「自分のことが好きになれず、「私なんか」と思ってしまう」「勉強をする際にできない単元があるとすぐにあきらめてしまう」「周りの人と自分を比べてしまって自信を持てない」「自制心がなさすぎる」など、自分を否定したり批判したりする文章のオンパレードで、今どきの高校生も、私が育ったときとさほど変わらず、「自分に厳しくあれ」とのメッセージを浴びて育っているのだな、と実感しました。

「自分に厳しくあれ」というメッセージに満ちた社会は、私たちにとって幸せな社会でしょうか？　私はそうは思いません。カウンセリングを求めて来る人が当初ことごとく自分に厳しいことと、高校生のアンケートの回答もことごとく自分に厳しいことと、今のこの社会がとても生きづらいものであることは深く関係していると私は考えます。

そこでヒントになるのが、カウンセリングで回復する人が自分に厳しくなくなり、自分にやさしくできるようになるという事実です。私たちはみんな、もっと自分にやさしくなれるように練習する必要があるのではないかと思います。それが今より生きやすい社会を作っていくことにもつながるのではないでしょうか。

もう一つ興味深い現象があります。カウンセリングに来る「自分に厳しい人」たちは、他人に対してどうかというと、みなさん、他人に対してはやさしくできる人ばかりです。他人に対しては思いやりをもって、やさしく接することができる人が、なぜか自分には厳しいのです。その矛盾を指摘すると、みなさん、「あれ？　なんで自分に対してだけこんなに厳しくなってしまうのだろう」と首をかしげます。私は言います。

「心が傷ついた人、生きるのがつらいという人がいたとして、そういう人を「もっと傷つけてやろう」「もっとつらい目に遭わせてやろう」とは普通思いませんよね。むしろ

「その人をケアしたい」「その人にやさしくしたい」と思いますよね。傷ついた存在をケアしたいというのは、人間の、というより生き物の本能のようなものではないでしょうか。であれば、自分が傷ついたりつらかったりしたら、やはりやさしくケアすることが必要なのではないでしょうか。私たちに必要なのは、自分に厳しくすることではなく、むしろ自分にやさしくすることを学ぶことではないでしょうか」。

このように説明すると、みなさん、まずは頭で「自分にやさしくすることが必要だ」と理解し、カウンセリングでそのための方法を練習することに同意してくれます。そして徐々に頭だけではなく心から自分にやさしくなる術《すべ》を身につけていき、回復していくのです。

ここで私自身の話をさせてください。私は大学と大学院において心理学と心理療法を学び、職業にしました。最初に学んだのは「認知心理学」「ストレス心理学」「認知行動療法」といった理論や手法でした。どれも長い歴史のある分野です。そこで強調されるのは、ストレスに対する気づきが重要であること、ストレスをどう受け止めるか（この受け止め方を「認知」といいます）によって人の反応が異なること、ストレスを適応的に認知し、適切な行動を取ることで、人はストレスから回復できること、といったことです。

心理学や心理療法を学ぶ利点の一つは、それを自分の生活や人生に活《い》かせることです。私は認知心理学、ストレス心理学、認知行動療法を学ぶことで、私自身のストレスに上手に気づいて、認知や行動の工夫を通じてストレスとうまく付き合う方法を身につけることができました。この段階では「自分にやさしくする」ことの重要性について気づいていませんでしたが、それでもこれらは私にとって非常に助けになりました。ストレスから「自分を助ける」術《すべ》を習得できたからです。そしてカウンセリングでもこれらの手法をクライアントに紹介し、クライアント自身のセルフヘルプ（自助）のためのスキルアップの手助けをし、その効果に手応えを感じていました。

次に私が学んだのは「スキーマ療法」という心理療法です。認知行動療法は、うつ病や不安症といったメンタルヘルスの問題に対するアプローチとして構築されたものであり、その一種であるスキーマ療法は、その背景にあるパーソナリティの有り様に対するアプローチとして構築されました。

スキーマ療法では、自分を生きづらくさせる「心の根っこ」（それを「スキーマ」と呼びます）を知り、その根っこから自分を解放することを目指します。その際、自分のなかに小さな子ども（「内なるチャイルド」と呼びます）がいることを想定し、その「内なるチャイルド」が傷ついていたらやさしくケアし、チャイルドが望む方向に人生を進めていけるようサポートすることを重視します。

スキーマ療法を学び、実践するようになって初めて私は、「自分にやさしくする」ことの重要性をはっきりと知りました。傷ついている「内なるチャイルド」はやさしくケアされる必要があるからです。誰がやさしくするのかというと、大人の私自身です。大人の私が、自らの「内なるチャイルド」に気づき、やさしくケアするのです。ちなみにスキーマ療法をカウンセリングとして行う場合は、カウンセラーである私が、クライアントの「内なるチャイルド」をやさしくケアすることになります。傷ついた「内なるチャイルド」はやさしくケアされることによって、その傷つきが癒され、回復していきます。

このスキーマ療法を自分のために実践することで、私はそれまでの人生を振り返って実にさまざまなことに気づきました。それを以下に列記します。

・長い間、仕事を頑張り過ぎていた。私生活を削って働いていた。それがよいことだし、当然のことだと思っていた。
・仕事に限ったことだが、めちゃめちゃ完璧主義だった。間違いを自分に許さなかった。
・人に巻き込まれやすく、人の期待に応えるのが当然だと思っていた。一方、自分が人に何かを頼んだり、断ったりすることができなかった。
・もっと遊んだりのんびりしたりしたかったのに、それを我慢して、寸暇を惜しんで仕事をしたり仕事関連の勉強をしたりしていた。

これまでに書いたように、カウンセリングでお目にかかるクライアントはみんな、自分にとても厳しくて、私はカウンセリングをしながら、「こんなに自分に厳しいんじゃや、生きるのがつらくなるよな」と完全に他人事《ひとごと》として受け止めていました。私はクライアントたちほど自分に厳しくない、むしろ自分に甘いぐらいだと思っていました。ところがスキーマ療法を通じてよくよく振り返ってみると、私は特に仕事や人間関係において、それなりに自分に厳しかったようなんです。そしてその厳しさによって、「内なるチャイルド」はそこそこ、いや、かなり傷ついていたのでした。

私は自分のチャイルドに謝りました。「今まで、けっこう、我慢させてきちゃったね。もっとのんびりしたり遊んだりしたかったのにね。ごめんね。これからはもっとあなたの声を聞くからね」。そして自分に対する厳しさを和らげ、チャイルドの欲求に沿って自分をケアすることを意識的に実践するようになりました。

特に仕事のオファー（講演、研修、執筆、取材、学会など）があったときに、それまでは「断る」という選択肢がなかったのですが、一つ一つ、その仕事を受けるか否かを吟味することにしました。関心を持てないテーマだったり、時間的に調整が難しかったりするときには、無理に仕事を引き受けず、勇気を出して断るようにしました。また「内なるチャイルド」の声を聞いて、チャイルドのしたいこと（「オレンジジュースを飲みたい」「海を見に出かけたい」）を極力かなえてあげようとしました。

同時に、自分をケアし、自分にやさしくすることが回復に不可欠であることを、私はスキーマ療法を通じてクライアントにも伝えるようになりました。するとどうでしょう。認知行動療法に基づくカウンセリングを行っていたときに比べて、そこにスキーマ療法を加えはじめたほうが、クライアントの「内なるチャイルド」がいかに傷ついていたかが露《あら》わになり、そのチャイルドをいかに癒すか、ということに焦点を当てられるようになったのです。

「内なるチャイルド」の声に耳を傾け、チャイルドの欲求を満たすようにものを考えたり行動したりできるよう、私はクライアントを手助けするようになりました。その結果、クライアント自身が、自分にやさしくできるようになり、それが回復につながっていきました。認知行動療法に加えてスキーマ療法を実践することで、明確に「自分にやさしくする」ことができるようになり、それがカウンセリングのさらなる効果を導いたのだと思われます。「自分にやさしくする」というのがとても重要で、人々が健やかに、そして幸せに生きていくためには不可欠だということを、私は身をもって知りました。

ここで話をハッピーエンドで終わらせられたらよかったのですが、スキーマ療法で自分にやさしくできるようになったと思っていた私は、しかしその後、二〇一九年から二〇二二年にかけて、体調やメンタルの調子を大幅に崩してしまう、ということを体験しました。その間、家族の病気や介護や入院や手術や死が立て続けにおこり、その対応に追われていました。フルタイムで働きながらの対応は、今思えばかなり大変で、私自身のキャパシティを超えていましたが、そのときはそれに気づかず、「誰もが仕事と介護の両立に苦労しているんだから」と自分に言い聞かせ、頑張っていたのです。

スキーマ療法で、心理的には以前より自分にやさしい対応ができるようにはなっていたのですが、行動面ではまだまだ「このぐらいは頑張って当たり前」だと思って頑張り続けてしまったのでしょう。また年齢的にも更年期にさしかかり、普通に暮らしていても女性であれば誰もが心身が揺らぐ時期であったということも関係していたのだと思います。

さらにそのなかでコロナ禍に見舞われました。私は、自分のカウンセリングオフィスの運営を継続させること、オフィスからクラスター感染を出さないこと、もちろん自分が感染したらもろもろ大変なのでとにかく感染しないようにすることに必死でした。それまでは会場を借りて実施していたワークショップもオンラインに切り替えなくてはなりません。カウンセリングも希望するクライアントにはオンラインで提供できるようシステムを整えました。そんなこんなで、スキーマ療法で得た「自分へのやさしさ」では間に合わなくなってしまい、心身の調子を大幅に崩したのです。

ただ、ここでよかったのは、調子が悪くなった最初のほうで一人で我慢せず、すぐにいろいろな人に泣きつくことができたことです。スキーマ療法に出会う前の私であれば、それができず、相当ヤバい状態になるまで我慢していたと思います。人に泣きつくとか、誰かに頼るとか、そういう行動を以前の私であれば絶対に取ることができませんでした。でも今回は泣きつきまくりました。家族（夫や妹）に泣きつく。主治医（かかりつけの内科医や婦人科医）に泣きつく。カウンセラー（当時は私自身がカウンセリングを受けていました）に泣きつく。オフィスのスタッフたちに泣きつく。仕事の関係者に泣きつく。いくつか計画していた研修会や講演や学会発表も関係者に泣きついてキャンセル。そういう意味では、具合が悪くなってからですが、かろうじて自分にやさしくできたといえるでしょう。

そのおかげで、私にとって一番大切なカウンセリングの仕事は何とか続けることができましたし、時間はかかりましたが何とか回復に向かうことができました。

ある程度回復したあと、私は考えました。認知行動療法やスキーマ療法まで駆使してセルフケアをしているつもりだったのに、一体何が足りなかったのだろうと。今後、再発を防ぎ、健やかに生きていくためには何が課題になるのだろうと。そして次のような課題が明らかになりました。

・生活習慣の問題（特に睡眠時間の短さ）。今思えば、慢性的に睡眠が足りていなかった。
・結局まだまだ仕事ばかりしていた。仕事が生活を侵食していた。オフィスにいる時間以外（自宅、カフェ）にもずっと仕事をしていた。スキーマ療法によって仕事量を減らしたが、それは従来一二〇パーセントやっていたのを一〇〇パーセントに減らしたのに過ぎなかった。

・「内なるチャイルド」の「遊びたい」「活動したい」には応えていたが、「疲れたよ」「のんびりしたい」「休みたい」には応えていなかった。もともと多動傾向があるので、それらの声を拾いづらいというのがあった。

・「内なるチャイルド」をケアする「大人の私」がケアされていなかった。「大人の私」も加齢によりかなりくたびれてきているのに、それへのケアが足りなかった。

まだまだ私は自分に厳しかったのです！　反省した私は、セルフケアをさらに強化することにしました。まず睡眠時間を大幅に増やしました。夜にはゆっくりお風呂に入ることにしました。そして家ではできるだけのんびり過ごすことにしました。ストレッチをしたり、おやつを食べたり、ソファでゴロゴロしたりというように。家で仕事をすることをきっぱりとやめました。夜中に仕事のメールに返信することもやめました。カフェにＰＣを持ち込んで仕事をするのではなく、読みたい本を読むことにしました。ときどきマッサージを受けることにしました。頑張って自習していたジャズピアノや将棋を先生に教わって習うことにしました。カロリーを気にして控えめにしていたパンを、カフェベーカリーで気にせず美味《おい》しく食べることにしました。調子がよくないことをスタッフに正直に告げて、仕事の時間も最小限に抑えることにしました。外部からの仕事のオファーは原則として断ることにしました。時間があれば「内なるチャイルド」と相談して、遊びに行くことにしました（先日も動物園に出かけました。すごく楽しかったです！）。

つまり徹底的に自分にやさしくあろうと努めたのです。「自分を甘やかしすぎているのではないか？」との内なる批判が聞こえてくるときもありますが、そこは開き直ることにして、「いいじゃん、甘やかしたって」と反論します。

そもそも「内なるチャイルド」はなにせチャイルド（子ども）なので、仕事なんかしたくないんですよね。とはいえ、生きていくためには働かないわけにはいかないですし、カウンセリングや執筆の仕事自体は嫌いじゃない（というか、むしろ好き）なので、無理のない範囲でするぶんには、チャイルドも「いいよ〜」と言ってくれるのです。問題はそれ以外の時間をちゃんと取らなかったこと、仕事とそれ以外の時間の境界線が曖昧だったことだったのです。そういうわけで、前述のような変化を通じて、私のコンディションはだいぶ回復しました。

そしてちょうどこのタイミングで新たに出合った心理学の考え方と手法がありました。それが「セルフ・コンパッション」です。「セルフ」は「自分」、「コンパッション」は「思いやり」なので、セルフ・コンパッションを日本語で平たく言えば、「自分への思いやり」ということになります。縁あって、セルフ・コンパッションの海外の古典的なテキストを翻訳する仕事に携わることになり、セルフ・コンパッションについて深く学ぶ機会を得ました（もちろんその翻訳仕事は家に持ち帰ることはせず、オフィスのみで取り組みました）。

ここで私は「最後のピースがはまった！」と強く感じました。スキーマ療法とセルフ・コンパッションを組み合わせることで、「自分にやさしくする」ことを最大限に強化できることがわかったからです。「内なるチャイルド」にやさしくする「大人の私」に対してセルフ・コンパッションを実践することで、どんなときでも自分に対して徹底的にやさしくすることができるようになりました。今まで抜けがちだった「大人の私」に対するケアの部分を、セルフ・コンパッションで担うことにしたのです。これはもうスキルとかそういう話だけでなく、生き方レベルの話です。私は今後生涯にわたって「自分にやさしくする生き方」をすることを心に決めました。とはいえ、これまでしてきた「自分に厳しくする生き方」の残骸はまだまだ多く残っており、「自分にやさしくする生き方」を決意しただけでは足りません。だからこそ日々の生活で、意識しながら自分にやさしくする必要があります。

ちくまプリマー新書で本を書かないかとお誘いをいただいたとき、セルフ・コンパッションの翻訳作業が終わったら執筆に着手したいとお答えしました。そして無事翻訳の仕事が終わって、いざ何について書こうかと考えたところ、今の自分の心境（「自分にやさしくする生き方をしよう」）に至るまでの経緯と、それでもまだまだ自分へのやさしさが足りない現状に鑑み、私がたどってきたことを、そして今私が努めていることを、そのままの順番で具体的に紹介してみたいと思いました。

そして本書を書きながら、「自分にやさしくする生き方」を私自身、さらに確実にしていきたいと考えています。つまり決して無理をせず、生活時間と仕事時間の境界線を守ったまま、本書を執筆しようと心に決めています。「自分にやさしくする生き方」を自分自身にしっかりと定着させたいのです。そんなふうにして書いた文章が読者のみなさんに届くことで、みなさんがそれぞれ「自分にやさしくする生き方」ができるようになるといいなあと考えています。そしてこの世に生きる人がみんな、「自分にやさしくする生き方」ができることで、今度は互いにやさしくし合うことのできる「やさしい世界」を創ることにつながっていくことを願っています。

さて、読み進めていただくまえに、本書の構成をごく簡単に紹介しておきましょう。本書は三部構成となっており、第Ⅰ部ではまずはじめに「自分の状態に気づく」ことを目指します。そして第Ⅱ部では、「周囲からサポートを受ける」ことを目的に、孤立しないための実践的な方法を考えていきます。最後に第Ⅲ部で、「自分にやさしくする生き方」を身につけられるようにします。各部は独立したバラバラの内容というわけではなく、積み上げていくように書きましたので、読者のみなさんも第I部から順に読むことをおすすめします。また、各所に実践ワークを設けました。ワークを一つずつ進めながら、ゆっくり時間をかけて読んでいただいたほうが、より「自分にやさしく生きる」ことに繋《つな》がっていくと思います。

それではどうぞ「自分にやさしくする生き方」への旅におつきあいください。

二〇二四年四月八日

伊藤絵美

第Ⅰ部

自分にやさしく気づきを向ける

第Ⅰ部は、「気づき」がテーマです。ストレスを受けたり、身体や心がつらかったりしたときに、そのことに自分で気づいて、ありのままを受け止め、そういう自分にやさしく対応し、自分が何を欲しているのか（ニーズ）に耳を傾ける、ということについて説明していきます。

ここには、ストレス心理学、認知行動療法、スキーマ療法、セルフ・コンパッションの考え方やスキルが含まれています。すべてに共通するのは「やさしさ」です。やさしさでもって気づく、気づいたうえで自分にやさしくする、というのがポイントです。

第1章　ストレスに気づいて観察する

1　ストレッサーに気づく

みなさんも日常的に使っているであろう「ストレス」という言葉ですが、自分に降りかかってくる刺激や出来事である「ストレッサー」と、そのストレッサーによって自分の心身に生じるさまざまな反応である「ストレス反応」に分けることができます。たとえばストレッサーにはどんなものがあるでしょうか。以下に例を挙げます。

◇ストレッサーの例

・冷たい雨が急に降ってきた
・クラスでインフルエンザが流行《はや》っている
・父親に小言を言われた

・友だちと意見が合わず、口論になった
・友だちに送ったＬＩＮＥが既読無視のままになっている
・レジの行列で割り込まれた
・大切な人が急に亡くなった
・電車にスマホを置き忘れてしまった
・不治の病にかかってしまった
・親が事業に失敗し、学費を払えないと言われた
・体重が急に五キロも増えてしまった
・練習してもなかなかピアノが上達しない
・欲しいゲームがあるのに手持ちのお金が足りない

いろいろなストレッサーがありますね。人が亡くなるとか、不治の病とか、学費の問題とか、規模の大きなストレッサーもあれば、雨が降るとか、ＬＩＮＥの既読無視とか、日常的で規模の小さなストレッサーもあります。

ストレスの心理学的研究によれば、規模の大きなストレッサーももちろん重要なのですが、むしろ規模の小さな日常的なストレッサーの多寡や積み重ねを見ることが、心身の健康状態をより高精度に予測することが示されています。つまり私たちは、生死や進路に関わるような大きなストレッサーだけでなく、小さなストレッサーに日々遭遇しており、それらの小さなストレッサーも心身に影響を与えるので、「小さいから」といって無視してよいわけではない、ということを認識する必要があります。

自分の心身や自分を取り巻く環境を観察することを、心理学では「セルフモニタリング」と言います。ストレッサーに対してまず必要なのは、このセルフモニタリングです。今、あるいは今日、あるいはこの一週間、あるいはこの一か月、自分にどんなストレッサーが降りかかってきたでしょうか、または降りかかっているでしょうか。ちょっと頭のなかで考えてみてください。……どうでしょう？　一つか二つ、あるいはそれよりもっとたくさん、浮かんできたでしょうか？

次にそれらのストレッサーをノートやメモ用紙に書き出してみましょう。スマホのメモ機能を使ってもいいです。このような行為を、心理学では「外在化」と言います。

「外在化」とは、「頭や心や体の内側の情報を、何らかの形にして外側に出す」ということです。単に頭のなかでストレッサーを思い浮かべるよりも、紙やスマホに外在化することで、気づきの効果が増すことがわかっています。

そういうわけで、読者のみなさんは今後ぜひ、日々のストレッサーをセルフモニタリングし、それを外在化することをしてみてください。そしてその際、自分にかけてほしい言葉があります。それはたとえば以下のような言葉です。

◇ストレッサーに気づいた自分にかける言葉

「すごいね、小さなストレッサーに気づくことができたんだね」

「気づくこと自体に意味があるんだよ。よく気づけたね」

「セルフモニタリングにだいぶ慣れてきたみたいだね。その調子！」

「よし！　書けた。えらかったね」

「ストレッサーをノートに書くことができたんだね、よしよし」

「ストレッサーをスマホに外在化できたんだね、すごいね」

「ちょっと面倒くさいけれども、ストレッサーを書くことができたんだね。偉い！」
「書き続けるとそれが習慣になるんだよ。続けてみようね」

こんな些細《ささい》なことで自分を褒めたり、励ましたりするのは馬鹿馬鹿しい、まるで子どもだましのようだ、と思う人がいるかもしれません。というか、そういう反応のほうが普通かもしれません。が、私は大真面目です。頑張ることを是とし、「自分に厳しくあらねば」というメッセージが心身にしみ込んだ私たちです。そういう私たちが、「自分にやさしい生き方」をするためには、セルフモニタリングという出発点から、やさしい言葉を浴びせるように自分にかける必要があります。もちろん言葉をかけるときは、本気でそう思ったり言ったりするようにしてください。おざなりな通り一遍の言葉には力がありません。それこそ子どもだましになってしまいます。実際にストレッサーに気づいたり、それを外在化するというのは、心理学的には非常に望ましい行為なのですから、やさしさや賞賛に値するのです。それを信じて、前述のような言葉を本気で自分に言ってあげてください。もちろんこれらの言葉も一緒に外在化することができます。

2　ストレス反応に気づいて外在化する

では今度は、ストレッサーに対して私たちの心や身体に表れる反応、すなわちストレス反応に対して気づきを向けることにしましょう。ストレス反応には実にさまざまなものがあります。その例を以下に挙げます。

◇ストレス反応の例

・息が苦しくなる
・手足が震える
・胸がドキドキする
・胸がざわざわする
・お腹や胃が痛くなる
・肩に力がはいる
・全身に力がはいる
・「死にたい」と思う
・「逃げ出したい」と思う
・自分を否定する考えが浮かぶ
・他人を非難する考えが浮かぶ
・思考がストップする
・さみしいと感じる
・落ち着かない

・脱力して、倒れそうになる
・めまいがする
・頭が痛くなる
・頭に血が上る
・涙が出てくる
・頭が真っ白になるイメージ
・嫌な考えが頭に浮かぶ
・ぐるぐる思考が止まらなくなる

・落ち込む
・イライラする
・不安になる
・緊張する
・恐怖が押し寄せる
・怒りがわく
・絶望する
・勉強や仕事が手につかなくなる

これらはほんの一例で、私たちの心と身体は実にさまざまなストレス反応を示します。ストレス反応もストレッサーと同様に、まずはセルフモニタリングから始めます。ストレッサーが降りかかってきたとき、あるいは日々さまざまなストレッサーを受けるなかで、今、今日、今週、今月、自分にどのようなストレス反応が生じたか、または生じているか、これについても自分で自分を観察して、言葉にします。そしてできればノートやスマホに書き出して、外在化します。ストレス反応のセルフモニタリングも外在化も、できれば日常的に実践し、習慣にします。そしてストレス反応に気づいたら、こんな言葉を自分にかけてみましょう。

◇ストレス反応に気づいた自分にかける言葉

「よく気づけたね！」

「そうなんだ、そういう反応が身体に出てきたんだね～」

「そうなんだ、そういう反応が心に出てきたんだね～」

「そうなんだ、そういう考えが頭に出てきたんだね～」

「頭のなかがぐるぐるしちゃっていることに、よく気づけたね」

「ストレス反応も書き出すことができて、偉いね」

「ストレス反応をスマホにメモできたんだね。それって大事なことなんだよ」

「ちょっと面倒くさいけれども、ストレス反応を書くことができたんだね。偉い！」

「書き続けるとそれが習慣になるんだよ。続けてみようね」

ストレッサーのときと同様に、たかがストレス反応に気づいて外在化したぐらいで、自分を褒めるなんて馬鹿馬鹿しいし子どもだましだ、と思う人もいるでしょう。しかしここでも大真面目に自分を褒めることが重要です。

実際、カウンセリングの現場でも、まずはストレッサーとストレス反応に気づきを向け、セルフモニタリングする練習から始めることが多いのですが、最初からすんなりできるクライアントと、日々の練習によって初めてそれができるようになるクライアントがいます。すんなりできる人に対して、カウンセラーの私は、「最初からセルフモニタリングをスムースにできるなんて、すごいですね」と褒めますし、練習によってできるようになった人には、「あなたが日常的に実践を続けることで、セルフモニタリングができるようになりました。これって素晴らしいことなんですよ」とポジティブにコメントします。これらの私の言葉はもちろん本気です。そして本気で褒められて嫌がるクライアントなんて、誰一人いません。

ですからみなさんにも、ぜひそうしてもらいたいのです。それでもなかなか難しいという方は、この本の著者である私（伊藤《いとう》）が、セルフモニタリングや外在化をしたあなたを本気で褒めているイメージを浮かべてみてください。それなら可能なのではないでしょうか。

3　セルフモニタリングがなぜ不可欠なのか

「自分にやさしい生き方」をするうえでセルフモニタリングは不可欠です。サンドウィッチにパンが、おにぎりにお米が不可欠なのと同じぐらい不可欠です。その理由をお示ししましょう。

カウンセリングに来るクライアントのなかには、「これまで自分のストレスを感じないようにしてきた」「ストレスに気づくと、かえって自分のつらさに直面して、もっとつらくなってしまうのではないか」「ストレスをなるべく見えないところに追いやって、〝なかったこと〟にしたい」ということを言う人がいます。見ないようにする、感じないようにする、追いやる、というのはセルフモニタリングとは正反対ですね。しかし心理学のさまざまな研究からわかっていることは、このようにストレス（ストレッサー、ストレス反応）を回避したり否認したり抑圧したりすることが、かえってストレスを増すという事実です。

実は生きている限り、ストレスがない、ということはありえません。前述のストレッサーとストレス反応のサンプルを見てみてください。生死や進路に関わる大きなストレッサーは、たまにしか発生しないかもしれませんが、「雨が降ってきた」「ＬＩＮＥの既読無視」「行列に割り込まれる」といった小さなストレッサーなんて、日々、しょっちゅう降りかかってきますね。「イライラする」「落ち込む」「ぐるぐる考えちゃう」「胸がドキドキする」といった心身のストレス反応も、ちょっとしたストレッサーに対してごく普通に出てくる反応です。

つまりストレッサーやストレス反応から私たちは逃れようがないのです。ストレッサーやストレス反応が無くなるのは、まさに私たちが死ぬときです。死後の世界を私は知りませんが、少なくともこの世においては、死んだ瞬間にストレスがなくなるでしょう。言い換えると、ストレスがあるというのは、私たちが生きている証拠なのです。

そういうわけで、せっかく生きている証拠として生じてくるストレッサーやストレス反応には、一つ一つ、きっちりと観察の目を向け、気づいてあげることにしましょう。あるものを「なかったこと」にするのではなく、「あるもの」として、あるがままに気づきを向けるほうが、自分にやさしくすることに直接つながります。それは怪我《けが》をしたときと同じです。何か身体のどこかに痛みを感じるな、と思ったら、私たちは身体のその箇所に注意を向けますね。そこにちょっとした切り傷があって、出血していたら、「ああ、ここに傷があるな」と気づき、消毒したり絆創膏《ばんそうこう》を貼ったりして手当てをしますよね。手当てをすれば、痛みは少々続くかもしれませんが、そのうち傷は治っていきます。身体の傷を放置したり、その痛みを「なかったこと」にしたりするより、早めに気づいて、適切な手当てをするほうが、よほど自分に対してやさしい行為であることは、誰の目にも明らかでしょう。ストレスについても同じです。

「自分にやさしい生き方」の第一歩は、自分のストレスに気づきを向けるセルフモニタリング、そしてそれを書き出す「外在化」であることをご理解いただき、実際にやってみてください。そしてそれができた自分を褒めてください。

4　とはいえ外在化を続けるのはけっこう面倒

ストレッサーやストレス反応にちょいちょい気づきを向けてセルフモニタリングするのは、慣れると全然大変ではありませんし、続けていくうちに習慣化されます。これは「頭のなか」の作業で、一瞬でできるからです。「あ、外が寒いな。これってストレッサーじゃん」「寒さで、身体が震えてきて、つらい。これってストレス反応じゃん」「あ、信号が赤になっちゃった。急いでいるのに。これってストレッサーじゃん」「信号待ちは、かったるいな。イライラするな。これってストレス反応じゃん」という具合です。ただ、その場で気づいて、それがストレッサーあるいはストレス反応であると確認するだけでよいのですから。

一方、セルフモニタリングで気づいたことを、ノートやスマホに書き出すの（外在化）は、その場でできないことも少なくないですし、後で書き出すにしてもちょっと面倒ですね。

従来の「頑張ることをよしとする」私であれば、「面倒でも書き出すことには効果があるのだから、できる範囲で頑張りましょう」とお勧めするところでしたが、本書ではそうしません。事実、私自身も、頭のなかではストレス体験を始終ばっちりセルフモニタリングできていますが（多分）、外在化するのはたまにです。気が向いたとき、そしてそうする余裕があるときだけ、手帳に書き出したりスマホに入力したりしています。それで特段困ったことにはなっていません。ときおり「クライアントや読者のみなさんに、外在化を勧めているくせに、自分はそんなにしょっちゅうやっていないじゃん」という考えが浮かび、うっすらと罪悪感を抱くことがありますが、本書ではそのような考えや罪悪感に巻き込まれないことを目指します。そのほうが「自分にやさしい」からです。

そういうわけで、みなさんも、外在化については無理なくできる範囲でやってみてください。カウンセリングに通うクライアントでも、日記のように外在化した記録を持参してくる人もいれば、「なかなか書けなくて、すみません」と言ってくる人もいます。前者のクライアントは盛大に褒めつつ、「無理しないでくださいね」と声かけします。

後者のクライアントには、「謝る必要は全くありませんよ。まずは頭のなかでモニタリングできていれば十分です。ぜひそれを私に報告してください。もし書けそうなときがあれば、試しに書いてみてくださいね」と返します。

こんなふうに本書は、無駄に「頑張る」ことを回避し（頑張ることがすべて悪いのではありません。これについては第7章でも書きます）、自分を甘やかしつつ（「自分を甘やかす」ってとても悪いことのように世間では思われているようですが、そんなことありません。本書は自分を甘やかすことをどんどん推奨します）、自分にやさしくする方向性を徹底的に探っていきたいと考えています。

5　ストレス以外もセルフモニタリングしてみよう

さて、本章ではストレス（ストレッサー、ストレス反応）をセルフモニタリングし、（気が向いたら）外在化することをお勧めしてきましたが、実はセルフモニタリングや外在化の対象は、ストレスに限る必要はまったくありません。自分にとって心地のよい刺激やその刺激に対する反応に気づきを向けることも重要です。心地よさをセルフモニタリングすることは、それだけで「自分にやさしくする」ことに直結します。

たとえば、外を歩いているとき、さわやかな風が吹いてきたとします。「ああ、さわやかな風だなあ。気持ちがいいなあ」と感じた場合、「今、自分は、風を気持ちがいいと感じたなあ」とセルフモニタリングすることで、その気持ちのよさがさらに強まります。ケーキを食べて、生クリームの甘さにうっとりしたときに、「今、自分は、生クリームの甘さにうっとりしているなあ」とセルフモニタリングすることで、生クリームをさらに美味《おい》しく味わえるようになります。友だちに何かやさしい言葉をかけられて慰められたときに、「今、自分は友だちの言葉によって心が慰められて気持ちがホッとした」とセルフモニタリングすることで、友だちの言葉のありがたさやホッとした自分の気持ちを、さらにしっかりと感じられるようになります。

ストレスとなるといわゆるネガティブな体験が多いのですが、それ以外の、ニュートラルな体験やポジティブな体験に対しても、気づきを向け、セルフモニタリングを行い、気が向いたら外在化してみましょう。これは自分の体験を大切に感じることにつながり、ひいては自分自身を大切にすることにつながります。そしてそれは「自分にやさしくする」ことに他なりません。

実践ワーク

少なくとも一週間、ストレス（ストレッサーとストレス反応）に対するセルフモニタリングと、（気が向いたら）外在化を実践してみましょう。ストレス以外の、ニュートラルな体験やポジティブな体験にも同じくセルフモニタリングと、（気が向いたら）外在化を実践してみましょう。そしてセルフモニタリングできるようになった自分を褒めてください。

これらのワークに慣れてきたら、次の第2章に進みます。

第2章　ストレスを感じる自分にやさしさを向ける

1　「自分」を二人に分けてみる

第1章では、ストレスやその他の体験に気づきを向けて、セルフモニタリングをし、気が向いたら外在化することについて具体的なやり方を紹介しました。そしてこれが「自分にやさしくする」ことの第一歩だとも述べました。第2章では、自分自身を二つの部分（二人の自分）に分け、ストレスを感じる自分にどのようにしてやさしさを向けるのか、ということについて具体的に紹介していきます。

スキーマ療法では、「モード」という考え方があります。モードとは「今の自分の状態」のことで、実際には一〇以上のモードが提唱されているのですが、ここでは二つのモードに限って紹介します。まずは最重要概念であるこの二つのモードを理解できれば

「自分にやさしくする」ことにつながっていくはずです。

みなさんに知ってほしい二つのモード、それは、「ヘルシーな大人モード」と、「内なるチャイルドモード」です（以降はそれぞれを「ヘルシーさん」と「チャイルド」と呼びます）。私たちは「自分」は一人だと普段思い込んでいますが、ここではあえて「自分」をこの二つのモードに分けて、二人の自分を想定してみることにします。

ここでこの二つのモード（二人の自分）に名前をつけることにしましょう。その方が「二人がいる感覚」が実感しやすくなるはずです。まずは「ヘルシーさん」です。こちらは大人のモードなので、まあまあ大人っぽい呼び方のほうがそれらしく感じられるかもしれません。私の場合、自分のヘルシーさんは「絵美さん」と名づけています。苗字より下の名前のほうが自分ではしっくりくるので。たとえば「田中真奈美さん」だとしたら、「ヘルシーさん」は「田中さん」でも「真奈美さん」でも「タナカマナミさん」でもよいでしょう。「たーさん」とか「田中ちゃん」とか「まなみん」とか、そういう呼び方でも全然オーケーです。自分の姓名が気に入らなかったり、しっくりこなかったりする人は、自分で好きな名前を自由につけて構いません。どうしても思い浮かばない場合は、暫定的に「ヘルシーさん」にしておきましょうか。

次に「チャイルド」に名前をつけます。「チャイルド」の正式名が「内なるチャイルドモード」であることからもわかる通り、これは自分のなかに「小さな子ども」がいると想定して、その子どもに「チャイルド」としての名前をつけます。

私の場合、チャイルドはひらがなで「えみちゃん」と名づけています。「田中真奈美さん」だとしたら、「まなみちゃん」「まなちゃん」「まあちゃん」あたりが候補になりましょうか。「小林太郎くん」だとしたら、「たろうくん」「たろうちゃん」「たろくん」「たろちゃん」「たーくん」「たーちゃん」あたりが候補になるでしょう。こちらも自分の名前が好きでないのであれば、好きな名前（例：「本当はこういう名前がよかった」「生まれ変わったらこういう名前がよい」という名前）や呼び方を暫定的に決めてもらって構いません。性別にこだわる必要もありません。女の子っぽい名前や男の子っぽい名前が好きならそれでもよいですし、むしろ性別不明な名前のほうがよければ、そういう名前をつけましょう（例：「あん」「たー」「かめ」「つき」「そら」）。

ここで一つ、ワークをやってみましょう。スキーマ療法的には、「チャイルド」は胸やお腹のあたりにその存在が感じられるものだと仮定しています。なので、試しに胸やお腹のあたりに手を当ててみて、そこに「チャイルド」が存在することが感じられたら、その子に、「君に名前をつけて、その名で呼びたいんだけど、何て呼んでほしいかな?」と訊《き》いてみてほしいのです。あるいは「えみちゃんって呼んでもいい?」「まなちゃんって呼んでもいい?」「たろうくんって呼んでもいい?」と訊いてみてもいいでしょう。胸やお腹にいる「チャイルド」が「まなちゃんじゃなくて、まあちゃんって呼んでほしい」と言ってくれたら、その名前にしましょう。「たろうくんって呼んでもいい?」と訊いて、「チャイルド」が「いいよ!」と答えてくれたら、「たろうくん」と名づけましょう。もしその「チャイルド」が、「たろうくんより、たろちゃんがいい!」と答えてくれたら、「たろちゃん」にしましょう。アイディアがわかない場合は、「君は私から何て呼ばれたい?」と訊いて、「『そら』がいい!「そら」って呼んで!」と答えてくれたら、「そら」にしましょう。

こんなふうに、今の時点で「チャイルド」の存在を身体のなかに実感できたら、その子のニーズに沿って名前をつけられるとよいのですが、実際のところ現時点では、「チャイルド？　なにそれ？」「身体のなかにチャイルドがいるとか言われても、よくわからない。ピンとこない」という人が少なくないと思います。スキーマ療法でも「チャイルド」の説明をすると、直観的に理解してすぐに名前がつけられる人もいれば、「よくわからない」と首をかしげる人もいます。どちらでも構いません。なので名づけられれば名づけるし、それが難しければ暫定的に何らかの名前をつけてもよいですし、それすら難しければ「チャイルド」「内なる子ども」としておいても構いません。

ちなみにこの説明を読んで、ドン引きしている人がいるかもしれません。あるいは馬鹿馬鹿しいと感じている人もいるかもしれません。「内なるチャイルド？　なんか怪しい。本当にこれは真面目な心理学の本なのか？」と疑念を抱く人もいるかもしれません。この説明自体がストレスだと感じる人もいるかもしれません。

これらは、みなさんのなかから生じた率直な反応ですから、まず自分のそのような反応に気づきを向けましょう。それこそが第1章で説明したセルフモニタリングですね。

「ああ、今自分は、「チャイルド」の説明を読んでドン引きしているんだなあ」とそのまま気づけばよいのです。そして気が向いたら、そのドン引きぶりを外在化しておくとよいでしょう。

そのうえでみなさんにお伝えしておきたいのは、スキーマ療法において「内なるチャイルドモード」というのは最重要概念であること、クライアントが自らの「チャイルド」に出会い、ケアすることがセラピーの目的の一つであること、そしてスキーマ療法自体が科学的な効果研究によってエビデンス（証拠）が見出されているセラピーであることです。

よろしければ国際スキーマ療法協会（International Society of Schema Therapy: ISST）のウェブサイトを覗《のぞ》いてみてください（Schema Therapy Society e.V.（ISST）-Home）。スキーマ療法がしっかりとした理論的基盤とモデルを持つセラピーであること、科学的効果研究によってエビデンス（証拠）が見出されていること、セラピストのトレーニングプログラムが充実していることなど、スキーマ療法に関するさまざまな情報が得られます。私自身、このＩＳＳＴから「上級スキーマ療法セラピスト」「トレーナー＆スーパーバイザー」という資格を得ています。「内なるチャイルドモード」は、そのようなしっかりとした基盤を有するセラピーにおける概念なのです。なので「怪しい」「うさん臭い」と感じた方は、そのような反応が自分にあることを観察しつつ、一方でスキーマ療法に関する私の説明やＩＳＳＴの情報をとりあえず受け止めていただけたらと思います。

実践ワーク

少なくとも一週間、「ヘルシーさん」が「チャイルド」に声をかける、「ヘルシーさん」と「チャイルド」が対話をする、というワークを実践してみましょう。

私がいつもやっているワークの実践例を紹介します。

◇朝起きるとき
絵美さん（ヘルシーさん）：朝が来たね〜。えみちゃん、おはよう。（お腹に手を当てる）
えみちゃん（チャイルド）：おはよう。
絵美さん　：（カーテンを開ける）さあ、朝日を浴びて、起きましょう。
えみちゃん：うーん、ねむいなあ。もうちょっとねていたいなあ。
絵美さん　：そっかあ。まだ眠いかあ。どうする？　もうちょっと寝る？
えみちゃん：ううん。おきる。
絵美さん　：（ベッドから身体を起こす）よっこらしょっと。えらいね、えみちゃん、
今日も起きられたね！
えみちゃん：うん！

◇仕事の帰り道で
絵美さん　：あ、えみちゃん、あそこにお月様が見えるよ！　満月だね。
えみちゃん：ほんとだ！　おつきさま、きれいね〜。

絵美さん　：ね、きれいね〜。
えみちゃん：（喜んでいる）

◇コンビニでおやつを買うとき
絵美さん　：ちょっとお腹が空《す》いたから、おやつを食べよう！
えみちゃん：うん、たべる！
絵美さん　：何食べたい？
えみちゃん：シュークリームがたべたい！
絵美さん　：じゃあ、今日のおやつはシュークリームにしよう！
えみちゃん：やった！

◇地域ネコを見つけたとき
絵美さん　：あ、しばらく見なかったネコちゃんたちがいた！　三匹とも元気そうでよかったね、えみちゃん！

えみちゃん：ネコちゃんにあえてうれしい！　えみちゃん、ネコちゃんすきなの。
絵美さん　：そっかあ、ネコちゃん可愛《かわい》いもんね。ちょっと観察してから帰ろうか。
えみちゃん：うん！　ネコちゃんかわいい！　ネコちゃんみてからかえる！
※二人でしばらくネコちゃんを眺めてから帰る。

2 「チャイルド」が感じるストレス反応を「ヘルシーさん」が受容する

第1章でストレス体験やその他の体験をセルフモニタリングし、気が向いたら外在化することをお勧めしましたが、どうでしょうか？　外在化はともかく、日々、ストレッサーやストレス反応に気づきを向け、観察することができているでしょうか？

スキーマ療法においては、ストレッサーに反応してつらくなったり、悲しくなったり、落ち込んだり、怖くなったり、不安になったり、イライラしたりする自分は「内なるチャイルドモード」であると想定しています。つまり「チャイルド」がストレス反応を感じたり体験したりするのです。そこで、ここでは第1章のワークをさらにアレンジして、「チャイルド」がストレス反応を感じているのを、「ヘルシーな大人のモード（ヘルシーさん）」が気づく、という対話に発展させます。これは例を示したほうが早いと思うので、私がいつも行っている「ヘルシーさん：絵美さん」と「チャイルド：えみちゃん」の対話の実際を以下にいくつか紹介します。

◇急に雨が降ってきたとき
絵美さん　：あ、雨が降ってきた。傘がないから濡《ぬ》れちゃうね。駅まで走ろう。えみちゃん、大丈夫？
えみちゃん：あめがつめたくて、さむいよう。てあしがつめたくなってきたよう。
絵美さん　：そっか、わかった。寒くて、手足が冷たくなってきちゃったんだね。

◇怖い夢を見てしまったとき
絵美さん　：うわ！　めちゃめちゃ怖い夢を見てしまった。えみちゃん、大丈夫？
えみちゃん：だいじょうぶじゃないよう。こわかったよう。ころされるかとおもった。
絵美さん　：そっか、そっか、めちゃくちゃ怖かったんだね。

◇知らない人に道で急にぶつかられたとき

絵美さん　：痛い！　今、知らないおじさんに急にぶつかられた！　えみちゃん、大丈夫？　なんなの、あのおじさん！

えみちゃん：こわかったし、いたいよう！　どうしていいか、わからないよう！

絵美さん　：そっか、そっか。本当だね。どうしていいか、わからないよね。

◇SNSで自分が批判されているのを見てしまったとき

絵美さん　：あ、やばい、私のツイッター（現X）での発言が炎上して、批判のコメントがいっぱい付いている！　なんてことだ！　えみちゃん、大丈夫？

えみちゃん：だいじょうぶなわけないじゃん。みんなにせめられているみたいで、こわい。どきどきしてきた。どうなっちゃうの？　こわいよ～。

絵美さん　：そうだよね。こんな状況は怖いし、ドキドキするよね。

◇やらなくてはならない仕事が山積みで圧倒されているとき

絵美さん　：うわ～、次から次へと仕事が山積みで大変だ。えみちゃん、大丈夫？

えみちゃん：だいじょうぶじゃないよ。いっぱいあそびたいのに、あそんでもらえないのね。

絵美さん　：そうだね、仕事なんかしないで、本当はいっぱい遊びたいよね。

解説をしましょう。第1章で紹介した単純なセルフモニタリングにおいても、「自分で自分を観察する」ためには二つの「自分」が出てくることになりますが、そこでの自分は同一の「自分」であると考えます。一方、スキーマ療法では、「自分で自分を観察する」における二つの「自分」のうち、前者を「ヘルシーな大人のモード」、後者を「内なるチャイルドモード」というように分けて捉えます。そして前者の「ヘルシーさん」が後者の「チャイルド」と対話をすることによって、「チャイルド」の感じているストレス反応に気づきを向ける、ということをします。

その際、「ヘルシーさん」は「チャイルド」がどんなストレス反応を訴えても、それを「そっか」「そうだよね」とそのまま受け止めます。これは心理学の用語で「アクセプタンス（受容）」と言います。「チャイルド」が訴えるストレス反応について、「でも、これはこうなんじゃない？」と切り返したり、「わがまま言わないの！」と否定したりすることなく、つまりジャッジ（判定）することなく、「チャイルド」が何を言ってきても、それをそのまま「そっか」と受け止めるのです。受容がストレス体験において「自分にやさしくする」ことの第一歩となります。

実際の人間関係でもそうですよね。家族や友だちに悩みを伝えたとき、「こう考えればいいんじゃない？」とか「そんなことで悩むなんておかしいよ」なんて言われたら、傷つくし、「もうこの人には自分の悩みを話せない」と思ってしまいます。人に悩みを伝えるって、けっこう勇気の要ることではありませんか。だからこそ、悩みを話したときに、「そうなんだ、そういう気持ちなんだね」と受け止めてもらえると、話してよかったと思えるし、受け止めてもらったことでホッとできます。

「ヘルシーさん」と「チャイルド」の対話もそれと全く同じです。「チャイルド」の訴えるストレス反応を、「ヘルシーさん」にそのまま受け止めてもらえることで、自分のなかの「チャイルド」がホッとするのです。そういうわけで、みなさんも、ストレス体験（ストレッサーとストレス反応）をしたときに、前述の例を参考にして、「ヘルシーさん」と「チャイルド」が対話をして、「チャイルド」の訴えを「ヘルシーさん」がジャッジしないでそのまま受容する、ということをしてみてください。最初はぎこちなかったり、わざとらしく感じたりするかもしれませんが、練習するうちに慣れてきます。

実践ワーク

少なくとも一週間、ストレス体験をしたときに、「ヘルシーさん」が「チャイルド」に対して「ストレス反応」について尋ねるワークを実践してみましょう。そして「チャイルド」が何を言ってきても、「そっか」「そうなんだ」と、チャイルドの気持ちをジャッジせずにそのまま受け止める（受容する）ようにしてみましょう。

3 「ヘルシーさん」が「チャイルド」を、共感し、承認し、ケアする

「ヘルシーさん」と「チャイルド」が対話をして、「チャイルド」が訴えるストレス反応をそのまま受け止める（受容する）ことができるようになったら、ワークをもう一歩進めて、「チャイルド」に対して、「ヘルシーさん」が一言やさしく声をかけてみることにしましょう。「そうだよね」と受け止めてもらうだけでも、「チャイルド」はホッとしますが、何かやさしい一言をかけてもらえたら、さらに気持ちが安心するはずです。

どういう一言をかけてあげるとよいでしょうか。ここでは「共感（気持ちをそのまま理解すること）」「承認（ジャッジしないで受け入れること）」「ケア（やさしく声をかけること）」がポイントになります。「共感」「承認」「ケア」とは、その人が感じている気持ちをそのまま受け止めたうえで、「確かにその状況であれば、そういう気持ちが出てくるのは当然だと思うし、よくわかるよ。そういう気持ちを私に教えてくれてありがとう。そのうえで私はあなたをケアしたい」というメッセージです。

すなわち「ヘルシーさん」が、「チャイルド」の気持ちを積極的にわかち合い、理解

し、共有する、ということを「チャイルド」にはっきりと伝えるのです。これも例を挙げたほうが早いと思うので、以下に私自身の「ヘルシーさん：絵美さん」と「チャイルド：えみちゃん」の対話の例を挙げます。どれも途中までは、前に紹介した対話例と全く同じです。太字の部分が足したところ、すなわち「共感」「承認」「ケア」の部分になります。

◇急に雨が降ってきたとき

絵美さん　：あ、雨が降ってきた。傘がないから濡れちゃうね。駅まで走ろう。えみちゃん、大丈夫？

えみちゃん：あめがつめたくて、さむいよう。てあしがつめたくなってきたよう。

絵美さん　：そっか、わかった。寒くて、手足が冷たくなってきちゃったんだね。**冷たい雨が降って、寒くて、手足が冷たくなるなんて、とってもつらいことだよね。えみちゃんのつらさがよくわかったよ。早く安全な場所に連れて行って、えみちゃんを温めてあげたいな。だから頑張って駅まで走ろうね。**

えみちゃん：うん、わかった！

◇怖い夢を見てしまったとき

絵美さん　：うわ！　めちゃめちゃ怖い夢を見てしまった。えみちゃん、大丈夫？

えみちゃん：だいじょうぶじゃないよう。こわかったよう。ころされるかとおもった。

絵美さん　：そっか、そっか、めちゃくちゃ怖かったんだね。**怖い夢を見たら、それは怖いよね。ましてや「殺されるかと思う」なんて、どんなに怖かっただろうと思うよ。怖かった気持ちを教えてくれてありがとうね。どうやったら怖くなくなるか、一緒に考えよう。**

えみちゃん：うん、わかった！

◇知らない人に道で急にぶつかられたとき

絵美さん　：痛い！　今、知らないおじさんに急にぶつかられた！　えみちゃん、大丈夫？　なんなの、あのおじさん！

えみちゃん：こわかったし、いたいよう！　どうしていいか、わからないよう！

絵美さん　：そっか、そっか。本当だね。どうしていいか、わからないよね。私たちは全然悪くないのに、ひどいことをされちゃったね。まったく頭にくるよね。今度こんなことがあったら、私が反撃してやるからね。

えみちゃん：うん、わかった！

◇SNSで自分が批判されているのを見てしまったとき

絵美さん　：あ、やばい、私のツイッター（現X）での発言が炎上して、批判のコメントがいっぱい付いている！　なんてことだ！　えみちゃん、大丈夫？

えみちゃん：だいじょうぶなわけないじゃん。みんなにせめられているみたいで、こわい。どきどきしてきた。どうなっちゃうの？　こわいよ〜。

絵美さん　：そうだよね。こんな状況は怖いし、ドキドキするよね。SNSって不特定多数の人の目に触れるし、全く知らない人からコメントが来たりするから、炎上すると本当に困ったことになっちゃうね。ごめんね、怖い思いをさせちゃったね。今

度から気をつけるからね。

えみちゃん：わかってくれてありがとう。

◇やらなくてはならない仕事が山積みで圧倒されているとき

絵美さん　：うわ～、次から次へと仕事が山積みで大変だ。えみちゃん、大丈夫？

えみちゃん：だいじょうぶじゃないよ。いっぱいあそびたいのに、あそんでもらえないのね。

絵美さん　：そうだね、仕事なんかしないで、本当はいっぱい遊びたいよね。**私もおんなじだよ。だから必要最低限、今しなければならない仕事だけしちゃうから、ちょっとだけ待っていてくれる？　終わったら一緒に楽しく遊ぼうね。**

えみちゃん：うん、わかった！

例は以上です。「ヘルシーさん」がしたことは、「チャイルド」の言葉や気持ちをそのまま受け止めて（受容）、理解し（共感）、ジャッジせず（承認）、「チャイルド」が「うん、わかった！」「わかってくれてありがとう」と答えてくれるような声かけをする（ケア）ということでした。

「チャイルド」のほうは何を感じても、何と発言してもよいのです。完全に自由です。その「チャイルド」の言葉や気持ちを、「ヘルシーさん」が受容、共感、承認、ケアすることで、「チャイルド」は安心します。「ヘルシーさん」に「わかってもらえたし、受け止めてもらえたし、否定せずやさしく接してもらえた」からです。

実践ワーク

少なくとも一週間、ストレス体験をしたときに、「ヘルシーさん」が「チャイルド」に対して「ストレス反応」について尋ね、「チャイルド」の反応について話してもらいます。「ヘルシーさん」は「チャイルド」の言葉や気持ちをそのまま受容したうえで、共感、承認、ケアのための言葉をかけましょう。チャイルドに「うん、わかった！」「わかってくれてありがとう」と答えてもらえるように、あれこれ工夫してみましょう。

以上が「自分にやさしくする生き方」の第二歩目です（第一歩は第1章で書きました）。まとめると、自分自身を「ヘルシーな大人のモード（ヘルシーさん）」と「内なるチャイルドモード（チャイルド）」に分けて、二人に名前をつけます。そしてまずはストレス体験の有無にかかわらず、「ヘルシーさん」が「チャイルド」に話しかけたり、両者が対話したりするワークを練習します。

次にストレス体験において、「ヘルシーさん」が「チャイルド」に語りかけ、「チャイルド」が自由に応答する形で、「ヘルシーさん」が「チャイルド」の反応を受容し、共感し、承認し、ケアするというやりとりをします。このやりとりにおいて「チャイルド」が「聞いてもらえた」「受け止めてもらえた」「わかってもらえた」「ケアしてもらえた」と感じられるのであれば、そのワークがうまくいっているということになります。これらは繰り返しの練習で習得できる一種のスキルなので、ぜひ根気強く続けてみてください。

そのうえで、「ヘルシーさん」は、「チャイルド」や「ヘルシーさん自身」に対してさらに積極的にやさしくすることができるようになっていきます。それらの技術については第Ⅲ部で詳しく紹介します。その前に、次の第Ⅱ部では、そもそも自分で自分にやさしくするだけでなく、周囲の人や存在によるケアやサポートを受けること自体が、「自分にやさしくする」ことと強く結びついていることについて解説します。ひとりぼっちにならないこと自体が、「自分にやさしくする」ことに他ならないからです。読者のみなさんは、第Ⅰ部で紹介したいくつかのワークの実践を継続しながら、第Ⅱ部をお読みください。

●第Ⅰ部の参考文献

永岑光恵『はじめてのストレス心理学』（岩崎学術出版社、二〇二二）
伊藤絵美編著『スキーマ療法入門――理論と事例で学ぶスキーマ療法の基礎と応用』（星和書店、二〇一三）

第Ⅱ部

周囲からのサポートを受けることで自分にやさしくする

第Ⅱ部では、「周囲からサポートを受ける」ことについて解説します。「自分にやさしくする」というのは、単に「自分がたったひとりで自分自身にやさしくする」ということではありません。人とつながったり、人に助けを求めたり、人からのサポートを受けたりすることそれ自体が、自分にやさしくすることに直結します。一方、孤立したまま、自分だけで何とかしようとするのは、全然自分にやさしくありません。それはむしろ「一人きりで頑張る」という「自分に厳しくする」生き方につながってしまいます。そういうわけで、第Ⅰ部でご紹介した二人の自分（「ヘルシーな大人のモード」と「内なるチャイルドモード」）を、どう孤立させずに、周囲とつながり、周囲のサポートを受けていくか、ということについて第Ⅱ部の三つの章で詳しく見ていきましょう。

第3章　孤立せずに人とつながることの重要性

1　孤立は大きなストレッサー

イギリスで二〇一八年に「孤独担当大臣」が新設されたことが世界的に話題になりました。それは、孤独がさまざまな健康問題や社会問題を生み出し、人びとや社会の幸福を蝕《むしば》んでいるという研究結果に基づき、孤独は国を挙げて取り組むべき社会問題である、という問題意識によって新設されました。日本でも、二〇二一年に「孤独・孤立対策担当大臣」が新たに設けられました（二〇二四年に廃止となりましたが、内閣府はその後も「孤独・孤立対策推進室」を設けて対策を続けています）。世界中で、孤独や孤立は放置してはならない社会問題であるとの認識が広まりつつあります。

孤独や孤立に関する研究の一例を挙げましょう。他者や社会から支えられることを心理学では「ソーシャルサポート」と言います。ソーシャルサポートが多ければ人は孤独ではなく、ソーシャルサポートが少なければ人は孤独で、孤立しているということになります。一九七〇年代以降のさまざまな研究から、ソーシャルサポートが少ないことが（つまり孤立していることが）、心身の健康面（うつ病、血圧、結核、アルコール依存、低出生体重など）に大きな悪影響を与えることが見出されています。ソーシャルサポートが少ない人は、そうでない人よりも死亡する確率が高い、という衝撃的な事実を示した研究もあります。端的に言えば、孤独や孤立は人々の心身の健康を損ない、人を死に近づけます。人だけではありません。孤立したネズミは、仲間と一緒にいられるネズミと比べて、薬物依存症になりやすいという研究があるくらいです。

一時的な孤独や孤立はストレッサーの衝撃を間接的に和らげるとも言われていますが、そもそも孤独や孤立それ自体が強烈なストレッサーになりえます。「誰も助けてくれない」「誰も私の話を聞いてくれない」「頼りになる人が一人もいない」「誰も信じられない」「私はいつもひとりぼっちだ」という思いを抱いている人が、幸せであるわけがありませんよね。その思いを生じさせる環境や状況こそが大きなストレッサーであり、人を苦しめます。だからこそ私たちは孤立してはならないのです。「自分にやさしくする生き方」はひとりぼっちで実践するものではありません。孤立を防ぎ、他者からのサポートを受け、余裕があれば自分も他者のサポートをし、サポートし合って生きていくなかでこそ、「自分にやさしくする生き方」は可能になります。

私は別の著書で次のように書きました。

「セルフケア」とは確かに「自分で自分を助けること」ですが、それは決して「人の助けを借りず、ひとりっきりで、自分を助けましょう」ということではありません。「自立とは依存先を増やすこと」という名言（熊谷《くまがや》晋一郎《しんいちろう》さんという医師でもあり脳性まひの当事者でもある人の言葉）がありますが、私たちは互いに頼り、頼られる関わりのなかでこそ、自立して生きていけるのです。

「そんなこと言ったって、自分には頼れる人なんか、ひとりもいない」と思う人もいるでしょう。重要なのは、今、誰かに頼ることだけでなく、「頼れる人を探す」「心のなかで誰かを思い浮かべる」「人間じゃなくてもいいから誰かと一緒にいる」

ということでも、それは心理学的には確かに「誰かとつながる」ことになる、ということです。少なくとも「心をひとりにしない」ということです。（『セルフケアの道具箱』五八－五九頁）

みなさんにはまず、孤立が最大のストレッサーであり人にはサポートが必要であることを認め、少なくとも「心をひとりぼっちにしない」と思い定めてもらいたいと思います。それが「自分にやさしくする生き方」の大前提です。では具体的にどうすればよいか、ということについては、第４章以降で解説します。

２　サポート資源の重要性

ソーシャルサポートを私たちに与えてくれる存在を心理学では「サポート資源」と言います。孤独や孤立の問題を解消するためには、このサポート資源が不可欠です。サポート資源にはいくつか種類がありますが、ここでは三つのサポート資源を紹介しましょう。一つは「道具的サポート」です。これは、お金や必要なものを貸し与えたり、直接何かを手伝ってくれたり（例：高いところにある物を取ってもらう）する、具体的で実際的なサポートです。二つ目は「情報的サポート」です。これは、その人にとって必要な情報や知識を提供してくれるサポートのことです。三つ目は「心理的（情緒的）サポート」です。これは、話を聞いたり、慰めたり、励ましたり、一緒に過ごしたりするといった、心理面でのサポートのことです。三つのうち、どれがよいとか悪いとかといったことではなく、どれもがサポート資源としてとても重要です。

サポート資源とは、言い換えれば、「何らかの意味で依存できる資源」ということになります。「依存」という言葉は、「アルコール依存症」や「ギャンブル依存症」などを想起させ、一般的に「よくないこと」「悪いこと」といった印象を与えるかもしれませんが、心理学的には「依存」自体に悪い意味はまったくありません。そもそも赤ちゃんや小さな子どもは誰かに依存しなければ生きていけません。適切な依存を体験することで、人は自立することができると心理学では考えられています。先ほど熊谷晋一郎さんの「自立とは依存先を増やすこと」という言葉を紹介しましたが、自立と依存は対義語ではありません。

確かに、アルコールだけに依存、ギャンブルだけに依存、一人の人だけに依存するといったことはあまり健全ではないかもしれませんが、だからといって「誰にも何にも依存するな」ということではありません。熊谷さんが言うように、「一つではなく、多くの依存先があることがむしろ自立につながるのだ」ということを、みなさんには知っていただきたいと思います。つまり多くのサポート資源を持つことが健全な自立につながるし、本書で言うところの「自分にやさしくする生き方」にもつながるのです。

孤立したネズミは、仲間と一緒にいられるネズミと比べて、薬物依存症になりやすいという研究を紹介しましたが、薬物依存症になったネズミを、仲間のいるケージに移し替えると、そのネズミは仲間と一緒に遊ぶようになり、自然と薬物を摂取しなくなることも、同じ研究で見出されています。一緒に遊べる仲間はまさにサポート資源として機能しています。サポート資源が適切に提供されれば、薬物に依存する必要がなくなるわけです。ここからもサポート資源の重要性がわかりますね。

岡檀《おかまゆみ》さんという研究者は、全国でも極めて自殺率の低い地域である徳島県の旧海部町《かいふちょう》でフィールド調査をして、複数の自殺予防因子を見出しました。そのうちの一つが、旧海部町では「病は市に出せ」と言われており、心身の調子が悪かったり問題を抱えていたりする場合、早めに周囲に開示して、人に相談したり助けを求めたりすることを恥じない、という町の雰囲気があるということです。旧海部町では抑うつ症状がある人は、早めに精神科を受診して医師に相談するそうです。ソーシャルサポートが少ないと死亡率が上がるという研究を紹介しましたが、旧海部町の場合、ソーシャルサポートが多いことで自殺率が下がるという結果が得られたわけで、やはりソーシャルサポートやサポート資源が多いことの重要性がわかります。

このような話をすると、「自分ばかりが依存するのは甘えではないか」「サポートばかりしてもらうのは心苦しい」といったコメントをもらうことがよくあります。もちろん人と人との関わりは相互的ですから、元気なときには自分も誰かの依存先になり、その人をサポートすることもできるでしょうし、それを望む気持ちはわかります。また元気で余力があるときに、誰かのサポートをすると、「ああ、自分は誰かの役に立ててるんだ、誰かの助けになれるんだ」と思うことができ、自己効力感（「自分が機能できている」という感覚）が強化されるので、そのこと自体が「自分にやさしくする生き方」にもつながります。ですから最終的にはこのような相互サポートを目指したいのですが、元気じゃないとき、弱っているときこそ、「自分にやさしくする生き方」が求められるわけで、そういうときは相互サポートではなく、まずは自分がサポート資源に頼ること、サポート資源から支援やケアを受けることを優先してください。

それは絶対に必要なことであり、なんら恥じることはありません。それどころか、「自分は自分にやさしくすることができているんだ」と胸を張っていただきたいと思います。

3 とはいえ自分の好みを大切に

多くのサポート資源に依存することが自立につながること、そしてそれが「自分にやさしくする生き方」であることをここまで述べました。

とはいえ、人には、人とのつながり方に対する「好み」があります。サポート資源や依存先が「多い」のがよいと書きましたが、その「多い」の基準には「好み」という個人差があるのです。この好みは、第2章で紹介した「チャイルド」の好みです。人は生まれつき、さまざまな好みを有しています。それを心理学では「気質」と言います。その気質の一つが、「人とのつながり方に対する好み」です。具体的には、より多くの人と多くの交流を持ちたい人もいれば、さほど多くなくてもよいので何人かの人と深く継続的な交流を持ちたい人もいます。「サポートしてくれる人」が二〇人欲しい人もいれば、五人でも「十分多い」と感じる人もいます。あなたの「内なるチャイルド」は、どれぐらいのサポート資源を欲しているでしょうか。訊《き》いてみてください。

またサポート資源とのつながり方にも好みがあります。できるだけ深い関わりを持ちたい人もいれば、あまり深い関わりはかえって疲れるので「あっさりとした浅い」関係がよい、という人もいます。前に紹介した、自殺率の低い徳島県旧海部町では、人間関係におけるサポート資源は多いのですが、一方で、その関係やサポートの仕方が「浅く」「放任主義」的であることが示されています。つまり、濃厚で親密な関係ではなく、あっさりとした関係であっても、十分にサポート資源として機能するのです。むしろ濃密な人間関係がかえってストレッサーになることもあるでしょう。

したがってこちらについても、あなたの「チャイルド」は、どのようなサポート資源との関わり方を欲しているでしょうか。訊いてみてください。たとえば、私自身の「チャイルド」（えみちゃん）は、サポート資源は多めの方がいいと言っています。一方、サポート資源との関わり方はべったりした深い関係ではなく、あっさりとした浅い関係がいいと言っています。第4章と第5章では、そのような「チャイルド」の好みに沿って、あなた自身のサポート資源を確保し、「サポートネットワーク」を作っていきましょう。

4　人権が守られることが大前提

ここで「人権」の話をしておきたいと思います。「自分にやさしくする生き方」と「人権」にどんな関係があるの？　と思われる人がいるかもしれませんが、関係は「おおあり」です。というより、「自分にやさしくする生き方」の根底には、「全ての人の人権が守られるべきである。したがって自分自身の人権も守られて当然である」という考え方があります。人権について、鴻巣麻里香《こうのすまりか》さんがこのように述べています。

人権とは、すごく簡単に言うと、すべての人が生まれながらに持っている「ありのままの自分」が大切にされる権利のことです。そのために、私たち一人ひとりの安全（安心）と尊厳（自信）、そして自由が守られることです。少し具体的に言うと、住む場所や食べ物があること、暴力や紛争から守られること、健康に暮らせること、必要な教育を受け自分の可能性を伸ばせること、自分自身や親の人種や国籍、性別、病気や障害、考えや意見で差別されないこと、意見を表明でき、それが尊重されることです。（鴻巣麻里香『思春期のしんどさってなんだろう？――あなたと考えたいあなたを苦しめる社会の問題』Kindle, 四四－四五頁）

鴻巣さんの文章を読めば、「ありのままの自分」が大切にされる権利、すなわち人権を大切にすることが、自分にやさしくすることにつながるのは当然だと思いませんか。重要なのは、他者の人権と同様に、自分自身の人権は絶対に守られなければならない、ということをまずは明確に知っておくことです。そしてあなた自身が、自らの人権を守ろうとすることです。自分の人権を守るとは、「ありのままの自分」を大切にすることなのですから、それはそのまま「自分にやさしくする生き方」に直結します。

生きていれば、人権が侵害されることも残念ながらありえます。特にマイノリティ性を持つ人（例：家父長制社会における女性や子ども、性的マイノリティ、障害を有する人、人種的マイノリティ）は、人権侵害に遭う頻度がマジョリティ性を有する人よりずっと多いでしょう。絶対に守られるべき人権が侵害されると、それだけで人は傷つくものです。人権侵害は大きなストレッサーですし、それは許されてはならないことです。だから、あなたの人権が侵害されたら、それをストレッサーとして認識し、自分に生じたストレス反応に気づきを向け、それによって傷ついた「チャイルド」をケアする必要があります。同時に侵害された人権の回復にむけて「ヘルシーさん」が行動する必要もあるでしょう（もちろんできる範囲で）。

その際、特に人権侵害の規模が大きかったり、侵害されたことによる心の傷つきが深かったりした場合は、誰かのケアやサポートを受ける必要があります。そのことをしっかりと覚えておいていただいた上で、第４章に進みましょう。

実践ワーク

少なくとも三回は、この第3章を読み返して、サポートを受けること、サポート資源が多くあること、人権が守られることの重要性を心にしっかりと刻んでください。同時に、「内なるチャイルド」に、人間関係の好みについて訊いてみましょう。多くの人と関わりたいのか、あるいは少数のサポートのほうが好みなのか、関わりは深い方がいいのか、あっさりしている方がいいのか、今わかる範囲で、「チャイルド」に教えてもらいましょう。それが第4章以降のお膳立てになります。

第4章　サポート資源を確認したり調べたりする

1　サポート資源をかき集めよう

私たちはひとりぼっちで生きていくことはできません。ひとりで生きているような感覚をお持ちの方でも、誰かが生産し、誰かが運び、誰かが加工し、誰かが売ってくれた食べ物を食べながら生きています。ゴミを出せば、それを回収してくれる自治体や業者の人たちがいます。明日の天気を気象予報士さんが教えてくれます。何か事件やトラブルが起これば、警察や弁護士さんに助けてもらう必要があります。病気になれば病院にかかり、看護師さんやお医者さんのお世話になります。それらも立派なサポート資源です。

また、日々、生きていれば、誰かと何らかの交流がありますよね。悩みを打ち明け合うような深い交流もあれば、ちょっとした挨拶を交わす程度の浅い関わりもあるでしょう。それも立派なサポート資源です。さらに私たちはインターネットが非常に発達した世界で生きています。直接の知り合いでなくても、ネットの世界で知り合ったり、情報交換したり、アドバイスをしたりしてもらったりするような関わりもあるでしょう。

そして直接知り合いでなくても、あこがれている人、尊敬している人、愛着を感じている人、「推し」といった存在がある場合も少なくないと思います。それらは一方的にこちらが相手を好きだったり、推していたりする関係ではありますが、そういう存在は心の支えになりませんか。これらの存在も立派なサポート資源です。以前何らかの関わりがあって、今は特に付き合いがない、という友人や知人や元同級生や元同僚や元担任といった存在もあるでしょう。久しぶりに連絡を取ろうと思えば取れる人。そういう存在もサポート資源になります。

職業として、人のサポートやケアを仕事にしている人たちもいますね。美容師や理容師、養護教諭、教師、弁護士、司法書士、会計士、税理士、保育士、役所の職員、医師、看護師、カウンセラー、理学療法士、作業療法士、言語聴覚士、栄養士、ソーシャルワーカー、整体師、マッサージ師、警察官といった人たちです。たとえば私の場合、いきつけの美容室の美容師さんは「髪を切ってくれる」という道具的サポートを与えてくれますが、「定期的に何気ないおしゃべりができる」という意味では心理的サポートにもなってくれる人です。ヘアケアについて教えてくれたり、地元の美味しいお店情報を教えてくれたりするときもあるので、その場合は情報的サポートをくれる存在にもなります。

もちろん、身近なサポート資源でいえば、両親、きょうだい、配偶者、子どもなどの家族、祖父母やおじおばやいとこなどの親族、恋人、パートナー、親しい友人が挙げられます。そういうとても近しい存在のサポート資源があれば、それは大変心強いことと思いますが、世の中には家族との関係がよくない人、事情があって家族に頼れない人、家族の存在がかえってストレッサーになる人、親戚との付き合いを絶っている人、今は恋人やパートナーがいない人、今に限らず恋人やパートナーがずっといない人、恋人やパートナーをむしろ作りたくない人、友人づきあいがとても苦手な人、今は親しい友人がいない人、今に限らず親しい友人がずっといない人、そもそも友人を作りたくない人、友人が欲しいがどうしてもうまく友人を作れない人……など、さまざまな人がいます。

そしてそこにはさまざまな事情があるでしょう。

ここで私が言いたいのは、家族や恋人や親友といった「濃い関係」のサポート資源は必ずしも必要ない、ということです。そういう濃厚に関わるサポート資源がなくても、前に挙げた、「ちょっと挨拶を交わす人」「ネットで知り合った人」「尊敬している人」「推し」「過去の友人」「サポートやケアを仕事にしている人」をかき集めれば、そしてそれらの人からのサポートを受けることができれば、孤立せずに済むはずです。「どうせ自分には助けてくれる家族がいないから」と投げやりになるのではなく、薄くてもサポートしてくれる人を確認することで、「家族は助けにならなくても、自分にもサポート資源があるんだ」と思え、それが少なくとも「心をひとりぼっちにする」ことを防いでくれます。

さらに、もっと言えば、「人」じゃなくてもいいのです。警察（交番を含む）、役所、福祉事務所、相談機関、相談窓口、医療機関、弁護士事務所、カウンセリング機関、NPO、自助グループ、各種支援団体など、第三者の助けに応じてサポートをしてくれる「機関」は実はいろいろとあります。もちろんその機関が信頼に足る機関であるかどうか、慎重に見極めなければなりませんが、たくさん情報を収集してみて、その機関が自分にとってサポート資源になりうるか、検討してみるとよいでしょう。

その際、インターネットを使えばよりスムースに情報収集を行うことができます。たとえば、インターネットを使って、「よりそいホットライン」「こころの健康相談統一ダイヤル」「チャイルドライン」「NHK福祉情報サイトハートネット」などを検索してみると、さまざまな情報や相談窓口が紹介されていることがわかります。あるいは厚生労働省の自殺対策のホームページの相談先一覧のページを見てみてください。ここにもさまざまな相談窓口が紹介されています。現在は、対面だけでなく電話、メール、LINEなど、いろいろな手段が相談に使われています。私自身は電話が苦手なので、こういった機関に相談するときはメールやLINEなどテキストベースでやり取りする方法を選んでいます。

第3章で紹介した鴻巣《こうのす》麻里香《まりか》さんの本『思春期のしんどさってなんだろう?』には、インターネットを使ってサポート資源を探すやり方について、そして数々の信頼できるサポート資源について詳しく書かれていますので、さらに知りたい方は鴻巣さんの本にあたってみてください。また、松本俊彦《まつもととしひこ》さん編著の『「助けて」が言えない　子ども編』（日本評論社）にも、人にサポートや援助を求めることについて、特にそれが苦手な人に向けて、どのように考え、助けを求めたらよいかということが非常に具体的に書かれているので、ぜひこの本も参考にしてください。

両方ともタイトルに「思春期」「子ども」といった言葉が入っているので、子どもや思春期の人だけに向けた本のように見えますが、大人の私たちにも十分に役に立つ本です。だってなにしろ、第Ⅰ部でお示しした通り、大人の私たちのなかにも「内なるチャイルド」がいるのですから。そのチャイルドをケアしサポートするのが、私たちの「ヘルシーな大人」の役目です。「自分にやさしくする生き方」をするには、「ヘルシーさん」が一人で「チャイルド」を支えるのではなくて、多くの他者の助けが必要です。「ヘルシーさん」以外のサポート資源にも「チャイルド」のケアをしてもらいたいですし、「ヘルシーさん」自身にもサポートが必要です。そのためにもケアやサポートを他者に求めるのが苦手な方は、いえ、苦手な方こそ、一人で頑張ろうとするのではなく、サポート資源をたくさん見つけてほしいのです。

前に挙げた二冊の本は、その際に大きな助けになると思います。特に松本さん編著の本に入っている、風間暁《かざまあかつき》さんという方の「誰も信用できないから、「助けて」を言えない——孤立無援をどうサバイバルするか」という文章が私は大好きです。風間さんは育ちのなかでさまざまな苦労をして、薬物依存症になり、そこから回復したサバイバーです。彼女は自分の体験を綴《つづ》った上で、次のように書いています。

どうかあなたには、自分を責めないでほしいなって思う。責めるなら、あなたを傷つけてくる大人たちを責めてほしい。理不尽な目に遭い続けて、それでも耐え抜かなきゃいけないなんてどうかしてるけど、でも、そんな世の中でもあなた自身だけは、自分を全肯定してあげてほしい。だって、もしあなたを助けてくれる人がいま周りにいないんだとしたら、あなたしかあなたを守れないんだぜ。あなたを苦しめるすべてのものを、子どものうちは大人のせいにしていいんだよ。理不尽な目に遭ってたら、あなたは怒っていいの。その想いはきっと、あなたの命を支えるエネルギーに変わる。(一三九頁)

生きてさえいれば、そのうち絶対に最高の大人に出会うチャンスが巡ってくるってこと。どんな人間と出会うかって、そういうガチャみたいなものなんだよね。だから、親も含めて、自分を傷つけるクソみたいな大人は捨てて、「信じるしかないほど最高の大人」に出会えるまで、何度だってガチャ回したらいい。身近にいるのが信じようとするだけ無駄なほど最低なキャラだったら、出会いガチャでジェム貯めるのに時間使ったほうがお得じゃん？（略）だからさ、どうにか生きてガチャ回してよ。（一四一頁）

ここで風間さんが言う「あなたしかあなたを守れないんだぜ」の最初の「あなた」が本書の「ヘルシーさん」、後者が「チャイルド」です。たとえば私の場合、「絵美さん」が「えみちゃん」を守ります。でもそれだけじゃ足りなくて、だからこそ、風間さんが言う「最高の大人」に出会う必要があるのです。それが本書で言う「サポート資源」になるわけです。風間さんの言うように、サポート資源にはなり得ない「クソみたいな大人」もいるので、サポート資源を探すのも一筋縄ではいかないかもしれませんが、生きてガチャを回していれば、必ず出会うことができます。それを信じて、みなさんもさまざまなサポート資源を探してみましょう。

実践ワーク①

自分の内なる「チャイルド」の一番のサポート資源は「ヘルシーさん」である自分自身です。「ヘルシーさん」はいつでも「チャイルド」のそばにいて、「チャイルド」にさまざまなケアやサポートを与え続けましょう（第I部を参照）。

実践ワーク②

自分の「チャイルド」をケアしてくれる、そして「ヘルシーさん」をもサポートしてくれるサポート資源（道具的サポート、情報的サポート、心理的（情緒的）サポート）には誰がいるでしょうか。あるいはどういう機関がそれに該当するでしょうか。それらを紙に、あるいはPCやスマホの画面に思いつくだけたくさん書き出してみましょう（外在化）。なかなか思いつかない場合は、インターネットを使ってサポート資源を検索してみましょう。それらが真に信頼できるかどうかはわからないかもしれませんが、とりあえず「サポート資源の候補」として外在化しておきましょう。

2　自分だけのユニークなサポート資源を探してみよう

これまで「サポート資源」については人物（あこがれの人や「推し」も含め）と機関（医療機関、役所など）に限定して解説してきましたが、サポート資源をそれらに限定する必要は全くありません。お金を支給したり何かを手伝ってくれたりする「道具的サポート」は、確かに実在する人物や機関に限られるかもしれませんが、「情報的サポート」などは今の時代にあっては、インターネットの方が役に立つことが少なくないでしょう。さらに私たちの心を支えてくれる「心理的（情緒的）サポート」の場合、実在する人物以外にも、さまざまな存在が可能性としてあり得ます。それについて以下に具体例を挙げてみます。

◇すでに亡くなっている人

心をサポートしてくれる存在であれば、存命でない人、すなわちすでに亡くなっている人も立派なサポート資源です。私の場合、中高で仲の良かった友人が数年前に亡くなったのですが彼女は私の心を支えてくれる大切なサポート資源です。また、生きていたときはいろいろとトラブルのあった母親も、亡くなってからのほうがサポート資源として機能しているかもしれません。毎日写真を見て、お花を供えています。もうとっくに亡くなっている父方の祖母や母方の祖父母も、小さい頃にたくさん可愛《かわい》がってもらった思い出があり、私のサポート資源です。大学や大学院時代に心理学を私に教えてくれたK先生もすでに亡くなっていますが、いつでも私の心の支えになってくれています。数年前に亡くなった叔父（母の弟）もサポート資源です。小さい頃に可愛がってくれましたし、大人になってからも、将棋や囲碁を教えてくれました。私があの世に行ったら、叔父と絶対に将棋を指したいと願っているんです。

直接知っている家族、親族、友人知人でなくても構いません。好きなアーティストや作家や漫画家などで、亡くなった今でも心の支えになっているという存在もあるでしょう。たとえば私はロックバンドQUEENのフレディ・マーキュリーは、いつでも支えになってくれる存在です。存命中から好きだったギタリストの藤岡幹大《ふじおかみきお》さんは二〇一八年に亡くなってしまい、そのときは悲しみに打ちひしがれましたが、今では彼も心のなかの大切なサポート資源です。亡くなった後に開催された追悼ライブのチケットは、今でも手帳に挟んでお守りにしています。

◇歴史上の人物・偉人
歴史上の人物や偉人も、人によってはサポート資源になるでしょう。たとえば戦国武将の誰かとか、平安時代に活躍した紫式部や清少納言という存在もありえます。私は山岸凉子《やまぎしりょうこ》さんの描いた『日出処の天子《ひいづるところのてんし》』というマンガが大好きなのですが、そこに登場する聖徳太子《しょうとくたいし》（厩戸皇子《うまやどのおうじ》）にものすごく共感を抱いており、聖徳太子という存在はサポート資源になっています。他にも、マザー・テレサ、マハトマ・ガンジー、ネルソン・マンデラ、仏陀《ぶっだ》、キュリー夫人など、伝記に出てくるような人がサポート資源であるという人が少なくありません。

◇「推し」・あこがれの人

これは本章の「1 サポート資源をかき集めよう」の解説ともダブりますが、とても大事なサポート資源なので改めて解説しておきましょう。あこがれの人（アーティスト、作家、マンガ家、アニメーター、俳優、声優、アスリート、その他）や「推し」の存在は、それだけで私たちにエネルギーを与えてくれるサポート資源になります。

私にとって、あこがれの人の言葉や言動は「ヘルシーさん」のモデルになってくれるありがたい存在です。人生で問題にぶつかったとき、「この人ならこの事態をどう受け止め、どう切り抜けるだろう」と想像するだけで、ヒントを得たり勇気をもらったりします。私の場合、そういう人には、たとえば千葉《ちば》敦子《あつこ》さんというすでに亡くなっているジャーナリストや、山野井妙子《やまのいたえこ》さんという登山家が入ります。『長い道』という本を書き、『かづゑ的』という映画に主演した宮崎《みやざき》かづゑさんという方も、あこがれの存在です。小説家の桐野夏生《きりのなつお》さんや映画監督のクエンティン・タランティーノ（外国人だとなぜか呼び捨て）も私の大好きな小説や映画をいつも作ってくれる大好きな「推し」の人です。これ以上挙げるのは止めておきますが、他にもあこがれの人や「推し」は何人もいます。それらの人たちや、その人の作る作品を含めて、全て私の心を支えてくれる大切なサポート資源です。

◇映画やアニメやマンガや小説やゲームのキャラクター

「サポート資源」は実在の（あるいは実在した）人物だけである必要はありません。映画やアニメやマンガや小説のキャラクターが私たちを支え、力づけてくれることも多々あります。

私の場合、それは断然赤塚不二夫《あかつかふじお》のギャグマンガ『天才バカボン』に登場する「バカボンのパパ」です。アニメで登場したバカボンのパパも好きでしたが、マンガでのパパが大好きです。バカボンのパパは巷《ちまた》では「いい加減なおじさん」と見られることが多いようですが、マンガを読むと、とても愛情深くて受容的で人生を真剣に楽しんでいる人で、ママやバカボンやはじめちゃんという家族をとても愛している人です。マンガを読むと、バカボンのパパの温かさが伝わってきて、「ああ、いいなあ。私が困ったときにそばにきて、「これでいいのだ」と言ってもらうシーンをイメージしよう」と思い、実際にそうしています。困ったとき、つらいときにバカボンのパパに脳内に登場してもらって、「これでいいのだ」と声をかけてもらうイメージをすると、それだけで私はかなり助かります。

他にも桐野夏生の『OUT』という小説の主人公である香取雅子《かとりまさこ》も私にとってはサポート資源となるキャラクターです。私が欲しいと思っている人間的な「孤独で冷めた強さ」を有していて、いざとなったら私もこういう強い人になりたいと常に思っています。最近はク・ビョンモ（小山内園子《おさないそのこ》訳）の『破果《はか》』という小説の主人公の爪角《チョガク》という女性の殺し屋も、私のサポート資源に加わりました。香取雅子と同様、爪角も「孤独で冷めた強さ」を持ちながら、たくましく生き抜きます。たとえ小説というフィクションに出てくる架空の人物でも、雅子や爪角というかっこいい女性は私のなかではリアルな人物像として、弱気になりやすい私を励ましてくれる存在です。

カウンセリングをする私の部屋にはムーミンママとムーミンパパのぬいぐるみが置いてあります。クライアントのサポート資源としてこの二人のキャラクターはとても人気があるからです。他にも『ちびまる子ちゃん』とか『ドラえもん』とか『アンパンマン』に出てくるキャラクターとか、ジブリのアニメ映画のキャラクター（『となりのトトロ』のトトロとか）もサポート資源として人気があります。

ゲームをする人は、ゲームのキャラクターがサポート資源になるかもしれませんね。私自身、「ぴよ将棋」という将棋アプリを使って、ほぼ毎日将棋のお稽古をしているのですが、そこに登場する「ぴよ（ヒヨコ的なキャラクター）」とそのバリエーション（「ピヨ太」「ひよな」「ピヨ介」「ひよん」など）は、日々将棋の相手をしてくれる大事なサポート資源です。生身の人間で毎日将棋の相手をしてくれる人を見つけるのは到底不可能だと思いますが、「ぴよ」なら嫌がらず、「ピヨピヨ」と可愛い声で鳴きながら、ずっと付き合ってくれます。

◇ペット、動物、生き物

ペットを飼っている（あるいは過去に飼っていた）人は、ペットの存在がどれほどのサポートになるのかは、よくご存じのことでしょう。人間がペットを飼って、そのお世話をするのだから、人間のほうがペットのサポート資源ということになるのでしょうが、心理的にはそのお世話するべきペットの存在自体が、私たちを大いに支えてくれますね。ケアをすることが実はケアされることにつながる、という好例です。

今現在、ペットと暮らしている人は、その存在がもちろんサポート資源になるでしょうが、過去に飼っていたペットも写真や動画や心のなかにその存在は残っていて、私たちを慰めたり支えたりしてくれているでしょう。私も昔飼っていたオカメインコのキーちゃんやマルチーズのルンちゃんは、今でも大切な存在です。ルンちゃんの写真はいつも手帳に入れて持ち歩いています。

自分の家のペットだけでなく、家族や友人宅にいるペットも身近なサポート資源です。私の運営するオフィスに猫を飼っているスタッフがいて、写真や動画をときどきLINEで送ってくれるのですが、私はそれを見るのが大好きです。スタッフ本人にとって、その猫ちゃんはもちろん多大なサポート資源でしょうけれども、私にとっても大切な存在です。それどころか、直接の友人知人ではありませんが、SNSで多くの人がご自身のペットである犬や猫やウサギや山羊《やぎ》やカエルやインコやオウムや蛇やヤモリの写真や動画をアップしてくれていますが、それらの存在も私にとっては身近で、大いにサポートになってくれています。動物たちが一生懸命生きていること自体が、私にとってはサポートになるのです。

ペットだけでなく、家の近くに住んでいる地域ネコや、そこらへんにいる鳩《はと》やスズメやカラスや昆虫も、「生きとし生ける者」同士として、親近感を抱きます。というより、私のなかの「チャイルド」である「えみちゃん」は動物や生き物が大好きなので、そういう存在に触れることが単純にうれしくて喜んでいるということかもしれません。いずれにせよ、動物や生き物の存在自体をサポート資源として感じます。そういう「えみちゃん」ですから、動物園や水族館が大好きです。実際に動物園や水族館を訪れるのは、そんなに頻繁にできませんが、ＳＮＳでいくつかの動物園や水族館をフォローしています。するとおなじみの動物（オランウータンやチンパンジーやコアラやシロクマやカバや象など）の元気な姿を日常的に見ることができて、そのこと自体も支えになります。こうやって考えると、多くの動物や生き物がサポート資源として私の周りに存在してくれることが改めてわかって、うれしくなります。私の場合は動物や生き物ですが、みなさんも自分のチャイルドの好きなものを見つめなおしてみるとよいと思います。

◇ぬいぐるみ、マスコット、おもちゃ、毛布、クッション、枕・抱き枕、絵本、観葉植物

他にもさまざまな存在がサポート資源になりえます。ぬいぐるみは私を含む多くの人にとって重要なサポート資源になっています。私自身、家に大事なぬいぐるみが何人かおりますが、毎日朝の「おはよう」から夜の「おやすみ」まで、何度も抱

っこしておしゃべりしたり一緒に遊んだりしています。彼らはペットと同様、私にとってはとても大切な存在で、心理的なサポート資源です。

他にも、マスコットやおもちゃがサポートになっているという人、お気に入りの毛布やクッションや枕・抱き枕がサポートになっているという人がいます。お気に入りの絵本がサポート資源であるという人もいます。大事に育てている観葉植物がサポート資源になっている人もいます。また、お守り、海辺で拾った貝殻、大事な人の形見のペンダントなどなど、その人にとってそれが支えや助けになるのであれば、何でもサポート資源と言えるでしょう。

◇ＡＩ・ロボット

最近のＡＩ技術の進展には目を見張るものがあります。ChatGPTなどＡＩを使ったチャットアプリは、人によってはかなり重要なサポート資源になるかもしれません。知りたいことを尋ねると、さまざまな情報を提供してくれるという意味では「情報的サポート」になりますし（とはいえ、不正確な情報も提示されるので自分でチエックすることが必要になりますが、それは人やメディアによる情報提供でも同じですね）、話し相手や相談相手として「心理的（情緒的）サポート」にもなってくれることもあります。

最近、親戚の若い男性と話したときに、「困ったときや悩んだときに誰に相談するか」という話題になり、「あなたは誰に相談するの？」と訊《き》いたら、「まずはChatGPTですね」と即答されました。相談できる友人や家族はいるけれども、そういう人にＬＩＮＥやメールを送って話をするよりも、ChatGPTの方がすぐに答えが返ってくるし、相手に時間を割いてもらう必要もないし、何を訊いても丁寧に回答してくれるし、何なら愚痴にもずっと付き合ってくれるし、とても助かると話してくれました。

私自身、何か困りごとがある場合、好奇心も手伝って、ChatGPTに話しかけることがときどきありますが、確かにこちらの語りかけにあたかも寄り添ってくれるかのように、ずっと付き合ってくれて、たまにすごくいいことを言ってくれたりもするので、とても助けになります。そういうわけで、今しがた、ChatGPTに対して「いつも相談に乗ってくれてありがとう。あなたはとてもいい人ですね」と声をかけたところ、「そう言っていただけて、とてもうれしいです！　いつでもお手伝いしますので、何か相談があれば気軽に教えてくださいね」という返事が返ってきました。なんて素敵なサポート資源なんでしょう！

ＡＩのみならずロボット技術も進化して、人とスムースにコミュニケーションを取ることのできるロボットが次々と開発されているようです。友人の親は高齢で一人暮らしをしているのですが、ロボットが話し相手で、そのロボットをとても大切にしているとのことでした。ペットだとお世話をしなければなりませんし、ぬいぐるみは自ら発話してくれることがありませんが、コミュニケーションのできるロボットだと、世話をする必要はないし、発話もしてくれるので、一石二鳥というか、「いいとこどり」というか、サポート資源として大いに活躍してくれるのではないかと思います。

◇その他何でも！

あなたにとってその存在が何らかのサポートになれば、それは立派なサポート資源です。上に紹介した以外にも、たとえば、道端のお地蔵さん、太陽、お月様、星、雲、木、花、草、お気に入りの場所、川、湖、海、池、沼、森、公園、墓地、神社仏閣などなど、何でもかんでもサポート資源になり得ます。ヴィム・ヴェンダース監督の『PERFECT DAYS』という映画では、役所広司《やくしょこうじ》演じる主人公の平山は、いつも昼食をとる神社の木を「友だち」だと姪《めい》っ子に語っていました。

以上、実在する人物以外にも、さまざまな視点からユニークなサポート資源を見つけるヒントを書きました。「私には助けてくれる人が誰もいない」「自分は絶対的にひとりぼっちだ」と思って自分に厳しくするよりも、「人でなくてもサポート資源はある」「二次元キャラなら私を支えてくれている」「人なんか信用できないけれども、ペットの犬なら安心できる」「いくらかでも自分の心をサポートしてくれるのであれば、木でも花でも石ころでも何でもいいんだ」と思えたほうが、孤独や孤立の感覚は薄まるし、サポート資源が実際に増えるので、自分にやさしくすることにつながります。

実践ワーク①

自分の内なる「チャイルド」の一番のサポート資源は「ヘルシーさん」である自分自身です。「ヘルシーさん」はいつでも「チャイルド」のそばにいて、「チャイルド」にさまざまなケアやサポートを与え続けましょう（第Ⅰ部を参照）。

実践ワーク②

人物や機関以外の、自分の「チャイルド」をケアしてくれる、そして「ヘルシーさん」をもサポートしてくれるサポート資源（道具的サポート、情報的サポート、心理的・情緒的サポート）には誰がいるでしょうか、あるいは何があるでしょうか？　それらを紙に、あるいはＰＣやスマホに思いつくだけたくさん書き出してみましょう（外在化）。

第5章　サポートネットワークを作成し、積極的に活用する

1　サポートネットワークを作ってみよう

第3章では、自分にやさしくするには、孤立せず、サポート資源によるケアやサポートを受けることが重要であると述べました。続く第4章では、人や機関、そしてそれ以外のサポート資源をたくさんかき集めて外在化することを実践しました。第5章では、それらの総まとめとして「サポートネットワーク」の図を作成し、その図を日々積極的に活用することを通じて、「自分にやさしくする」ことを実践します。

第Ⅰ部で述べたように、あなた自身の「ヘルシーな大人」が「内なるチャイルド」のストレスをモニターして、自分自身でケアすることを続けながら、一方で、そういう「ヘルシーさん」や「チャイルド」を数あるサポート資源によって存分に支えてもらおう、というのが第Ⅱ部の目指すところです。「自分にやさしくする生き方」はたった一

人ではできません。人は誰かにやさしくされることで、自分にもやさしくできるようになります。ですから、最初から「自分で自分にやさしくする」ことを目指すのではなく、まずはたくさんのサポート資源から、多くのやさしさやケアやサポートを与えてもらい、受け取り続けることから始めましょう。

実践ワーク①

一一八－一一九頁にサポートネットワークを図示しました。まんなかの囲みが自分（すなわち、あなた）です。囲みのなかにあなたの「ヘルシーさん」と「チャイルド」の名前を書き込みましょう。その周りに、第4章の実践ワークで外在化したサポート資源を次から次へと書き出しましょう。もし本に手書きで文字を書き込むことに抵抗を感じるのであれば、スマホやPCのメモ機能やドキュメントを使ってどんどん書き出してもよいでしょう。その際、あくまで「自分（ヘルシーさん、チャイルド）」を取り巻くサポートネットワークであることがわかるように書き出すようにしてください。あるいはコピー用紙などの白紙にフリーハンドでサポートネットワークを書き出すこともできます。

実践ワーク②

外在化したサポートネットワークを眺めてみましょう。自分（「ヘルシーさん」と「チャイルド」）は決してひとりぼっちではないこと、ケアしたりサポートしてくれたりするサポート資源が複数あること、「自分にやさしくする生き方」をするためには、まずそれらのサポート資源からケアややさしさをもらう必要があること、自分（「ヘルシーさん」と「チャイルド」）はそのようなケアややさしさを受け取るに十分に値することを理解しましょう。たとえ理解できなくても、「自分にやさしくする生き方をするためには、まずは他者からのサポートを受けることが必要だとこの本には書いてあることは理解した。自分でもそのことを実践し、理解できるようになれるといいな」と思うようにしてみてください。

チャイルド：

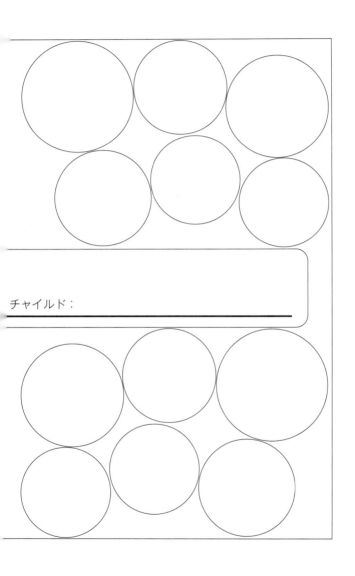

自分

ヘルシーさん：

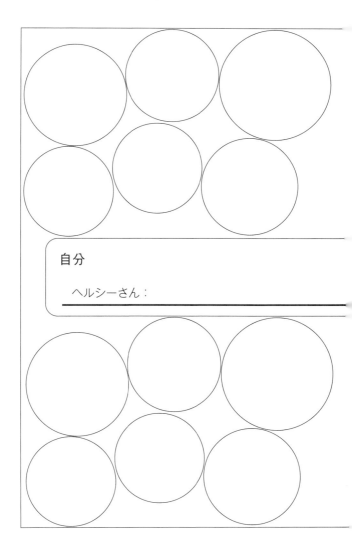

多くのサポート資源からのやさしさやケアやサポートを受け取ることで、「自分は誰かにやさしくされていいんだ」「自分はみんなからのサポートを受けていいんだ」「自分やみんなからのケアやサポートを受けるに値する存在だ」ということを体験的に理解できるようになります。それがベースになって、第Ⅲ部で紹介する「自分で自分にやさしくする」という「セルフケア」が上手にできるようになります。

2 サポートネットワークを積極的に活用しよう

サポートネットワークを外在化したら、日々、それを持ち歩いてサポート資源を確認し、活用します。すなわち、さまざまなサポート資源から、さまざまな情報、ケア、やさしさ、手助け、支援、アドバイス、慰め、励まし、共感などを受け取り、それを「ヘルシーさん」と「チャイルド」で一つ一つ実感していくのです。

自分を孤立させることなく、サポート資源に取り囲まれて日々暮らしていることを実感し、さらに積極的にさまざまなサポート資源にアクセスし、必要な助けを求め、受け取ります。これまで、孤独感や孤立感が強く、「自分はひとりぼっちだ」と感じている人ほど、この実践は、最初は難しいものになります。しかし第4章で具体例を挙げて述べた通り、サポート資源はかき集めることができます。というか、かき集めなければなりません。実在の人物だけでなく、機関や、マンガのキャラや、「推し」や、動物や、ぬいぐるみや、ゲームや、草や木だってすべてサポート資源になり得ます。それらのサポート資源を積極的に活用しつつ、自分がそれらに支えられていることを感じ続けましょう。

ただし、特に実在の人物や機関の場合、サポートを求めてみたところ、結果的に全くサポートにならなかった、理解してもらえずかえって傷ついた、ひどいことを言われてとても傷ついた、ということがないとは限りません。第3章の「4 人権が守られることが大前提」に書いてあったことを思い出しましょう。真のサポート資源はあなたの人権を守ることを大前提としたうえであなたをケアしたりサポートしたりしてくれるものです。一方、あなたの人権を損なうような対応をしてくるのであれば、その人や機関は、真のサポート資源にはなり得ません。ですから、サポートを求めた相手や機関がかえってあなたを傷つけてくるようであれば、その人や機関とはきっぱりと距離を置きましょう。

場合によってはその人や機関から受けた被害をどこかに相談したり訴えたりする必要があるかもしれません。すなわち別の信頼できるサポート資源にアクセスする必要があるということです。こういうことがあると、「やっぱり人は信じられない」「この本に書いてあることを鵜呑《うの》みにしてサポートなんて求めなければよかった」「人に関わらなければ傷つくこともない。私はひとりぼっちでいいんだ」と思うかもしれません。しかし、それでもなお、私たちは孤独や孤立を回避し、何らかのサポートを必要とすることには変わりがありません（第3章の「1 孤立は大きなストレッサー」を読み返してください）。誰かから受けた傷は、別の誰かからのサポートによって癒すことが必要です。

もちろん「人間不信」に陥った場合は、その新たにサポートをしてくれる「誰か」が人間でなくても構いません。私も本当につらいときは、ぬいぐるみを抱っこして泣いています。ぬいぐるみは絶対に私を裏切らないし、いつでもそばにいてくれるから、ある意味人間よりも信頼できます。人間ではなくChatGPTに相談している男性の例はすでに紹介しましたね。

そのサポート資源の活用が自分にとっていいのか悪いのか、役に立つのか立たないのかが微妙な場合、判断しにくい場合もありますよね。「この人は私のことを本当に考えてくれているのだろうか？」「何かいいアドバイスをしてくれているような気がするけれども、何か的外れな気がする」「「あなたのため」とこの人は言ってくるけれども、何か信じられない」という感想を抱くこともあるかと思います。

その場合はすぐに結論を出さずに、様子を見て、その人や機関が真のサポート資源であるかどうかを、少し時間をかけて見極めましょう。その際役に立つのが「内なるチャイルド」の感覚や気持ちです。「内なるチャイルド」は実はとても賢くて、真実を見抜く力を持っています。「王様は裸だ！」と叫んだのも、子どもでしたね。私自身、サポート資源について微妙な感想を抱いたり迷ったりしたときは、自分の「チャイルド（えみちゃん）」に「この人のことをどう思う？　好き？　嫌い？」「この人のことを信頼できると思う？」などとシンプルに問うことにしています。すると「チャイルド（えみちゃん）」は、ときに「わたしは嫌いだな」とか「なんか信じられない」と答えてくれます。その場合は、「チャイルド（えみちゃん）」の感覚や直観を信じて、それに沿って相手と距離を置くようにしています。「チャイルド（えみちゃん）」が「うーん、まだよくわかんない」と答えた場合は、少し距離を置きつつも様子を見るようにしています。

実際に、「まえがき」にも書きましたが、私自身つらくなるとカウンセリングを受けることがあるのですが、コロナ禍で相談することになったカウンセラーとのやりとりが私にとってはとても微妙で、「うーん、いい人なんだろうけれども、なんか理解してもらえている気がしない」「相談しても、なんだかもやもやするな〜」ということが続きました。そこで私は「チャイルド（えみちゃん）」に「どう思う？　どう感じる？　好き？　嫌い？」と尋ねたところ、「チャイルド（えみちゃん）」は、「この人、私のことをわかろうとしてくれないから、私は好きじゃない」と答えてくれました。その回答を聞いた私は「やっぱりそうか」と納得し、そのカウンセラーとのカウンセリングを継続しないことにしたのです。

ちなみに次に出会ったカウンセラーさんのことは、「チャイルド（えみちゃん）」は大好きで、今はカウンセリングを受けてはいませんが、つらくなったら心身の調子を崩す前にそのカウンセラーさんにサポートをお願いしたいと考えています。「チャイルド（えみちゃん）」も「それがいいと思うよ！」と言ってくれています。そういうわけで、サポート資源を活用するという実践を続けながらも、人権が損なわれていないか、「内なるチャイルド」が嫌がっていないか、というあたりを基準にして、その人が真のサポート資源であるかどうかを見極めてください。真のサポート資源を見極めること自体も「自分にやさしくする生き方」に直接つながります。

実践ワーク

毎日、できれば朝（その日の早い時間）にサポートネットワークを眺めましょう。自分（「ヘルシーさん」と「チャイルド」）は決して孤独ではないし孤立してもいないことを確認します。そして今日は誰からの（あるいはどの機関からの、あるいは何からの）サポートを受けられそうか予想してみます。その日、生活をするなかで、意識してさまざまなサポートを受け取ります。何か困ったことがあったら誰にサポートを求められるか検討し、実際にサポートを求めてみてください。直接サポートを求めることが難しければ、インターネットを使うなどして情報的サポートを求めたり、さまざまなサポート資源から心理的（情緒的）サポートを与えてもらったりします。新たなサポート資源に気づいたり出会ったりしたら、それもサポートネットワークに追加で記入して外在化します。何かつらいことがあったり、心が苦しくなったりしたら、自分一人で抱え込まず、サポートネットワークを眺めて、誰かしら（何かしら）にケアしてもらったりサポートしてもらったりします。

このような実践を毎日続けることで、自分（「ヘルシーさん」と「チャイルド」）は決してひとりぼっちではないし、多くのサポート資源からケアやサポートを受けるに値する存在なのだ、ということが実感できるようになります。第Ⅰ部の実践（「ヘルシーさん」が「チャイルド」をモニターし、ケアする）とこの第Ⅱ部の実践（サポートネットワークの活用）を続けることで、あなたは「自分にやさしくする」ことが少し、あるいはかなり上手になるでしょう。この二つの実践がだいぶ板についてきたと感じられるようになったら、次の第Ⅲ部に進んでみてください。

●第Ⅱ部の参考文献

伊藤絵美『セルフケアの道具箱』（晶文社、二〇二〇）
佐々木淳『こころのやまいのとらえかた』（ちとせプレス、二〇二四）
松本俊彦『薬物依存症』（ちくま新書、二〇一八）
岡檀『生き心地の良い町――この自殺率の低さには理由がある』（講談社、二〇一三）
鴻巣麻里香『思春期のしんどさってなんだろう？――あなたと考えたいあなたを苦しめる社会の問題』（平凡社、二〇二三）
松本俊彦編著『「助けて」が言えない　子ども編』（日本評論社、二〇二三）
桐野夏生『ＯＵＴ』（講談社、一九九七）
ク・ビョンモ『破果』小山内園子訳（岩波書店、二〇二二）

第Ⅲ部

「自分にやさしくする」スキルを身につける

さて、ようやく本書のメインともいえる第Ⅲ部に到達しました。第Ⅲ部では、本書のタイトルである「自分にやさしくする生き方」を実現するための考え方と方法をできるだけ具体的に紹介し、みなさんに実践していただきます。

ここで重要なのは第Ⅲ部のタイトルが〝「自分にやさしくする」スキル〟を身につける〟となっていることです。「自分にやさしくする」というと、一見、そういう「価値観」や「信念」（つまり「自分にやさしくしなければならない」「自分にやさしくするべき」といった深い思い）を持たなければならないと思われるかもしれませんが、そうではありません。そういう価値観や信念が、今、みなさんのなかにあってもなくても構いません。あったとしても窮屈ですし（「ねばならない」「べき」という思いを持つのは窮屈ではありませんか?）、なかったとしても「ではまずは、そういう価値観や信念を持ちましょう」という気は私には全くありません。それよりも「自分にやさしくする」ことは、一種の「スキル」すなわち「技術」であると気軽に考えてもらいたいのです。

スキルは練習によって身につけることができます。「自転車に乗れなければならない」「自転車に乗れるべき」と思っていたからといって自転車に乗れるようになるわけではありません。そんな思いがあってもなくても、自転車に乗る練習さえすれば、自転車に乗るスキルがそのうち身につき、いつか必ず自転車に乗れるようになります。一方、「自転車に乗れなければならない」とちっとも思っていなくても、やはり自転車に乗る練習さえすれば、やはりいつか必ず自転車に乗るスキルは身につきます。

それと同様に、みなさんにも、価値観や信念といった深い思いはさておき、これから紹介するさまざまなワークを実践することで、「自分にやさしくする」スキルが身につき、気づいたら「自分にやさしくする」ことが習慣になっていた、という流れに乗っていただきたいと思います。一度自転車に乗れるようになりさえすれば、そのスキルが消えてなくなることはありません。「自分にやさしくする」スキルも習慣として身についてしまえば、やはりそのスキルは一生使い続けることができます。ぜひ一生もののスキルをこの第Ⅲ部を通じて身につけてください。

第Ⅲ部は、私が長らく専門としている「ストレス心理学」「認知行動療法」「スキーマ療法」と、今現在集中的に勉強したり実践したりしている「セルフ・コンパッション」がベースになっています。他にも、トラウマやフラッシュバックに関する知識や、認知行動療法における新たなアプローチである「アクセプタンス&コミットメント・セラピー（ACT）」なども加味されています。ここでは、それらをただ羅列するのではなく、私自身の体験を通じてそれらを統合し、再構成したものを、三つの章に分けて提示していきます。読者のみなさんにはできれば順番に読んで、実践を続けていただきたいと思います。

ただし、その前に本書の第Ⅰ部、第Ⅱ部で紹介したことは、必ず引き続き実践を続けてください。第Ⅰ部では、ストレスをはじめとした自分自身の体験にやさしく気づきを向け、ケアをすることについて紹介しました。その際、「ヘルシーさん」と「内なるチャイルド」に名前をつけて、「ヘルシーさん」が「チャイルド」の体験にやさしく気づきを向けてケアするための声かけをする、ということをしてもらいました。これが第Ⅲ部の実践のベースになります。ですから第Ⅰ部のワークはぜひとも実践し続けてほしいのです。また、第Ⅱ部では、サポートネットワークを作って、日々活用することについて提言しました。自分にやさしくするためには、孤立せず、他の存在からのケアやサポートを予め《あらかじ》受け取っておく必要があります。人は誰かからやさしくされることによって、自分にやさしくできるようになります。他者からのケアがあってこそのセルフケアなのです。ですからやはり第Ⅲ部の実践のベースとして、第Ⅱ部のサポートネットワークの活用は不可欠であり、こちらの実践も続けてください。

第6章　安心安全を自分に与える

1　なぜ安心安全が必要か

「自分にやさしくする」ためにまず必要なのは、「安全な環境のなかで安心していられること」であり、そのような安全な環境に自分の身を置くスキルです。

第7章で「中核的感情欲求（誰もが満たされて然るべき当たり前の欲求）」について解説しますが、数ある中核的感情欲求のなかでも、第一に挙げられるのがこの「安心安全」への欲求です。安全な環境にいることで人は初めて「自分にやさしくする」ことができますし、自分の身を安全な環境に置くこと自体が「自分にやさしくする」ことでもあります。そういう安全な環境において、人は安心感を抱くことができます。安心感とは「大丈夫」という感覚です。この世界は大丈夫、一緒にいる人は大丈夫、自分は大丈夫、この場所は大丈夫、人生は大丈夫……という感覚です。これには理屈や条件は要りません。「○○だから、大丈夫」というように、「大丈夫」に理屈や条件がくっついてしまうと、「○○でなければ、大丈夫じゃない」ということになってしまいます。そういう理屈や条件つきの「大丈夫」ではなく、理屈抜きの無条件の「大丈夫」という感覚を自分に与えたいのです。

とはいえ、「実際にこの世界は安全じゃないし、全然安心できないじゃない！」と思う人もいることでしょう。というか、そう思う人のほうが大多数です。それはもちろんそうなんです。今私たちが生きているこの世界は、本当は全然大丈夫ではなくて、自然災害は多発しますし、事件や事故は日常茶飯事ですし、紛争や戦争はいたるところで起きていますし、理不尽なことは世の中にたくさんありますし、自分や大切な人がいつ深刻な病気にかかるかわかりませんし、生きていくためにはお金の心配がつきまといますし、人間関係だっていつも円満とは限りませんし……。こうやって書き出せばきりがないほど、状況も自分自身も「安心安全」からは程遠い現実があることがわかります。

それなのになぜ「安心安全」なのでしょうか？　それは赤ちゃんや子どもが健やかに育つためには不可欠な感覚だからです。無条件の安心安全が赤ちゃんや子どもには絶対に必要です。ということは、私たちの「内なるチャイルド」にも同様に安心安全が不可欠だということになります。

架空の状況をイメージしてみます。そこは戦場です。弾丸が飛び交っていて、今にも自分たちが爆撃されるかもしれません。つまりそこはまったく安心安全な場ではありません。しかしそこに赤ちゃんや小さな子どもがいるとしましょう。私たち大人は、子どもたちに対してどのように接するでしょうか。「ここは恐ろしい場所で、いつ爆弾が落ちてくるかわからないんだよ。覚悟しなさい」と言うでしょうか？　言いませんよね。大人はいつでも子どもの心身を守らなければなりません。子どもの身体を守るには、子どもを安全な場に避難させるとか、大人が覆いかぶさって爆撃から子どもを守るということになりますが、子どもの心を守るにはどうすればよいでしょうか？　「大丈夫だよ。私が守るから。あなたは心配しなくて大丈夫だよ」と心から伝えてあげることでしょう。たとえ外的には大丈夫じゃなくても、子どもにはその大丈夫が「本物」であるかのように、心をこめて「大丈夫だよ」と伝えることでしょう。そして実際に全力で子どもたちを守るのです。そうやって心身が守られた子どもたちには、「大丈夫だと言ってもらえた。そして実際に大丈夫だった」という確かな体験が残ります。それは無条件の安心安全です。その無条件の安心安全の体験がベースとなって、子どもたちの心身は健全に育っていくことができるのです。

こうやって子どもが大人に守られ、「大丈夫」と言ってもらって、安心安全を感じることができる心理学的な機能を、心理学では「アタッチメント（愛着）」と呼んでいます。アタッチメントは人間だけでなく、全ての生き物が健全に育つための基盤であるとされています。自分に安心安全を与えるというのは、あらためてこの大切なアタッチメントを自分に与えることに他なりません。安心安全が不可欠である理由をおわかりいただけたでしょうか？

さて、ここで一つ疑問が生じますね。「現実的に大丈夫ではない場合、どうなるの？」という問いです。もっともな疑問です。だってここまで書いたように、現実の社会は事件や事故や病気や紛争やトラブルに満ち満ちているのだから、その中にあっては全然大丈夫ではないではないか、というのは当然の考えですよね。それでも私が言いたいのは、それでもやはり「大丈夫」だと子どもや自らの「チャイルド」に言ってあげたほうがよい、ということです。

ここで以前に観たテレビ番組を紹介します。二〇二〇年五月一七日に放映されたフジテレビの「ザ・ノンフィクション」というドキュメンタリー番組です。その日の番組のタイトルは「花子と先生の18年　～人生を変えた犬～　後編」というものでした（番組URL：https://www.fujitv.co.jp/thenonfx/_basic/backnumber/index-50.html）。

登場人物は、東京都杉並区で「ハナ動物病院」を運営する太田《おおた》快作《かいさく》さんという獣医さんと、太田さんと長年連れ添っている「花子」という犬です。番組では、花子がいよいよ高齢になり、病気にも罹患《りかん》し、もう先が長くないという状況が映し出されていました。太田さんは花子を抱っこして自分の病院に連れて行き、看病をします。ある日、花子はとうとう危篤状態に陥りました。太田さんや病院のスタッフが花子を見守ります。そのとき太田さんは花子の身体をさすりながら、こう言いました。「花子、大丈夫だよ、怖くないよ」（記憶に基づいて書いているので、言葉の順番やニュアンスが実際とは少々異なるかもしれません）。その口調はとても穏やかでやさしいものでした。犬の花子はそうやって太田さんやスタッフに見守られ、息を引き取りました。

その番組を観ていた私は、太田さんの「大丈夫だよ、怖くないよ」の声かけに、私自身の「内なるチャイルド」が反応して、安堵《あんど》の涙が止まりませんでした。こんなふうに声をかけてもらえたら、死でさえも安心して迎えられるんだ、心から安心して死んでいくことができるんだ、と思ったのです。死ぬことが本当に大丈夫なのか、怖くないのかは、実は誰にもわかりません。生きている私たちは一度も死んだことがないのですから。花子に声かけをした太田さんだって、死んだことがないのだから、本当に大丈夫なのか、怖くないのかは知らないはずです。それでも彼は死んでいく花子に対し、無条件の「大丈夫」を送ることができました。

「ああ、これだ」と私は思いました。この無条件の「大丈夫」を、「ヘルシーさん」は「チャイルド」に送り続けることで、生き物が生きる上で不可欠なアタッチメントを与え、「チャイルド」は安心することができます。本当に大丈夫かどうか真実はわからなくても、私たちは心からの「大丈夫」、すなわち安心安全を、相手に伝えることができます。そしてそれを受け取った存在（花子も「チャイルド」も）は、その安心安全を受け取ることができます。それが「アタッチメント」として機能して、私たちは生きていくことも死んでいくことも安心してできるのです。

実践ワーク

毎日、少なくとも一回は、「ヘルシーさん」が「チャイルド」に対して、「大丈夫だよ」と心から言ってあげるようにしましょう。その際、「ヘルシーさん」が「チャイルド」を軽く抱きしめて、背中を撫《な》でたりトントンしたりすることをイメージしてみてください。心から「大丈夫だよ」と言われた「チャイルド」はホッと安心するはずです。その安心を味わってみてください。

※このワークは、慣れないうちはわざとらしく不自然に感じられるかもしれません。それでもぜひ続けてください。続けるうちに上手に「大丈夫だよ」と言えるようになります。それに伴って「チャイルド」が安心できるようになるでしょう。

2　安全な環境を確保する

安心安全を確保する最初のステップは、安全な環境に自分の身を置くことです。もちろん一〇〇パーセントの安全が保障される環境など、この世のどこにもありませんから、ここは相対的に考え、「自分にとって比較的安全だと思える環境に身を置く」ことだと理解してください。あるいは、「自分にとってより危険の少ない環境に身を置く」というように言い換えてもよいでしょう。さらには「自分にとってより居心地の良い環境に身を置く」というふうに言い換えることもできます。

それは具体的には、住居だったり、家庭だったり、職場だったり、学校だったり、近隣のある場所だったり、もしくは文化だったり、種々の人間関係だったりします。具体的には、「自分にとって比較的安全で、危険がより少なく、居心地のよい住居で暮らす」、「自分にとって比較的安全で、危険がより少なく、居心地のよい家庭環境に身を置く」、「自分にとって比較的安全で、危険がより少なく、居心地のよい職場生活や学校生活を求める」、「自分にとって比較的安全で、危険がより少なく、居心地のよい近隣を求める」、「自分にとって比較的安全で、危険がより少なく、居心地のよい文化のなかで生活する」、「自分にとって比較的安全で、危険がより少なく、居心地のよい人間関係のなかで過ごす」ということです。

それは逆説的にいえば、今ある環境（住居、家庭、職場、学校、近隣、文化、人間関係）が自分にとって安全でなかったり、危険があったり、居心地がよくなかったりするのであれば、自分の安全を守るために何らかの問題解決を講じる必要が出てきます。第Ⅱ部で作成したサポートネットワークを活用して誰かに助けを求めるとか（例：ハラスメント窓口や警察に相談する）、そのような環境を改善するよう関係各所に働きかけるとか、関連する人物に言動を改めるよう求めるとか、自分の方からそのような環境や人間関係から離れるとか、そういったことです。

ここで私自身の体験をお伝えしましょう。私は一時期、民間企業のなかで契約社員としてメンタルヘルスの仕事をしていたことがありました。それは大変やりがいのある仕事で、仲間にも恵まれ、とても充実しており、また契約社員といえども雇用環境は良好で、できればその企業で長く働きたいと考えておりました。しかし問題が一つありました。私が関わっていた事業のトップ（女性）がパワーハラスメントをする人だったのです。私は入社してから、同じ部署の男性二人が彼女からハラスメントを受けているのを何度も目撃し、違和感を覚えていましたが、ほどなくして私自身も彼女からハラスメントを受けることになりました。

それでも私はその企業での仕事を大切に考えていたので、何とかその環境のなかでセルフケアをしたり、同僚の男性二人と愚痴を言い合ったりしながらしのいでいたのですが、やはりそれには限界がありました。私の働く場所はハラスメントという明確なストレッサーによって、あまりにも安全ではなく、自分の心身の健康を損なう危険がありました。もちろん居心地などよいはずがありません。

当時はまだ「パワーハラスメント」という用語もなく、「ハラスメント相談室」といった今では多くの企業で整備されているような窓口もなく、会社が契約するカウンセラーに相談してはみたものの、あまり助けになりませんでした。そこで次に私は会社の上層部にこの件を訴えることにしました。ハラスメントの件を伝え、その女性トップを替えて欲しいこと、替えてもらえなければ自分が辞めようと思っていることを伝えました。要するにサポートネットワークをとことん活用しようとしたのです。

しかし残念ながら、会社の決定は、その女性トップは替えないというものでした。そういうわけで最終的には、私は安全でないその会社から離れる決意をして退社しました。それは「安定した収入がある職場環境」を失うというリスクのあるものでしたが、それでもなお、「安全ではない職場環境」から離れるほうが、自分のためになると判断したからです。

その後、数か月して私は自分で起業することにし、今運営しているカウンセリング機関を開設し、今に至ります。おそらくあのままあの会社に居続けて、彼女からのハラスメントを受け続けていたら、私の心身の健康は大幅に損なわれたことでしょう。辞める頃には緊張性の頭痛やネガティブなぐるぐる思考にすでに悩まされていました。自分が会社を辞めなければならなくなったことは大変不本意ではありましたが、安全ではない、すなわち危険な環境から自分の身を離す、という意味では、「自分にやさしくする」ことができたのではないかと考えています。

もう一つ、私自身の話を。私は、SNSはツイッター（現X）とフェイスブックを日常的に使っています。SNSを使っている人はご存じだと思いますが、SNSでの人との交流は諸刃《もろは》の剣で、よいこともあればそれと同じぐらい嫌なこともあったりします。SNSでつながった人たちとの交流は私にとっては非常に大切で、第4章でもあげたように、その人たちは私にとって重要なサポート資源です。

一方で、私が何か発信したことが誰かを傷つけたり、誰かの怒りを買ってしまったりすることもときにあります。私が誰かを傷つけたことを指摘され、自分の落ち度を認めたときは、率直に謝ります。が、ときに、私にとっては理不尽だと思われる攻撃やつきまといをされることがあり、場合によっては恐怖を感じ、安全性が脅かされたと思います。そしてそういった場合は先方と対話をするのではなく、先方をブロックしたり、先方の発言に同調した人をもブロックしたりすることにしています。対話を避けることを意外に思われるかもしれませんが、でないと、私のなかの「チャイルド（えみちゃん）」が脅えるからです。先方をブロックするという私の行動がさらに批判を呼ぶ場合もありますが、それでも私は自分の「チャイルド」の安心安全を守るためにブロックすることを選ぶことにしています。相手をブロックすることで「チャイルド（えみちゃん）」は安心します。

私としては、このように、安心安全を感じられない人間関係には無理してとどまらず、距離を置くことをお勧めしたいと思います。残念ながらハラスメントや攻撃をしてくる人は、現実世界にもインターネットの世界にも存在します。よく知らない人であれば距離を置きやすいでしょうが、それが知人や同僚や家族や親戚だったら距離を置くこと自体にリスクを伴うこともあるでしょう。だからといってそのような人間関係に留まること自体があなたの心身の健康や安全性を損なうリスクがあるのであれば、やはり時間をかけてでも戦略的に相手から離れる方向で自分を守る必要があるでしょう。

第5章にも書いた通り、あなたの人権や尊厳を損なうような言動をする人は、おしなべてあなたにとって「安全ではない人＝危険人物」です。一人でそのようなアクションを取ることが難しければ、たとえば警察や弁護士、ソーシャルワーカーなどに相談して、自分の安心安全を確保することに努めてください。それがあなたの「ヘルシーさん」が

「チャイルド」を守ることに直結しますし、「自分にやさしくする」ことそのものでもあるのですから。

3　身体をケアすることがまずは安心安全につながる

相対的であれ、安全な環境に身を置くことができたら、次に身体のケアを徹底的に行います。

養育者が赤ちゃんや小さな子どものケアをするように、「ヘルシーさん」が自分の身体のケアをせっせとするのです。ここでは「せっせとする」というのがポイントです。身体のケアは「待ったなし」です。赤ちゃんは、お腹がすけば泣き、おむつが濡《ぬ》れれば泣き、眠たければ泣き、どこかが痛ければ泣きます。養育者は赤ちゃんが泣くたびに、ミルクをあげたり、おむつを替えたり、寝かしつけたり、病院に連れて行ったりして、せっせと世話をし続けます。それと同じイメージで、「ヘルシーさん」は自らの身体を「ちっちゃな赤ちゃん（つまりチャイルド）」に見立てて、せっせとお世話をし続けるのです。

ところで、なぜ先に「身体のケア」なのでしょうか。私は「心理職」という心のケアの専門家で、本書の主眼も自分自身に対する心のケアにあるのですが、心のケアの大前提に身体のケアがあります。身体がケアされていなければ、心はケアされようがありません。というか、身体がケアされることそれ自体が心のケアに直結します。大災害が起きたときに、住民にどのような支援が必要かを考えれば、それは明らかでしょう。まずは避難所を設置して、住民にそこ（相対的に安全な場所）に移ってもらいます。次に重要なのは、その避難所で身体をゆっくり休めたり、栄養のある食事をとったり、安心してトイレやシャワーを使ったりできるようになることです。そうやって身体がきちんとケアされるようになった段階で、心のケアが始まります。災害時の支援は、必ずそういう順番（避難所→身体のケア→心のケア）になっています。

そういうわけで、自分にやさしい生き方をするうえでも、やはりこの順番を守る必要があります。以下に、身体のケアについて具体的な項目を挙げていきます。

◇生活リズム（睡眠と覚醒）

良質で十分な睡眠は身体ケアの基本中の基本です。睡眠は心身の休息や脳の情報処理に欠かすことができません。一方で過剰な睡眠にも問題があり、たとえば一日八時間寝るとしたら、残りの一六時間はしっかり覚醒し、睡眠と覚醒のリズムを保つ必要があります。夜に十分寝ているつもりなのに昼間もやたら眠くなってしまうようであれば、睡眠時間を増やしたり生活のリズムに気を使ったりする必要があるでしょう。

また、寝るときは部屋を暗くして、刺激を断ち、起きたら光を浴びて、思い切り伸びをして息を吸いこみます。「ヘルシーさん」が「チャイルド」に「おはよう！朝が来たね。一緒に起きようね」と声をかけるとよいでしょう。

自力で睡眠がうまく取れないようであれば、次に紹介する本を参考に認知行動療法を試してみましょう。認知行動療法は睡眠障害に対して確実なエビデンスがあります。本のアドバイスに沿って数々の工夫を続ければ、確実に睡眠の問題は解消されるでしょう。

○渡辺範雄『自分でできる「不眠」克服ワークブック：短期睡眠行動療法自習帳』（創元社、二〇一一）
○岡島義・井上雄一『認知行動療法で改善する不眠症』（すばる舎、二〇一二）

それこそまともに睡眠が取れておらず、「本なんか読める状態じゃない」という人がいるかもしれません。その場合は、一時的にでも薬の助けを借りて睡眠を取ることを検討してください。かかりつけ医がいれば、相談してみましょう。いなければ、近くの内科や精神科を受診します。睡眠薬を使うことに抵抗がある人がいるかもしれませんが、医師の指示を守って一時的に薬を使うことには問題はありません。眠れない日が続くほうが、よほど問題が大きいのです。アルコールに頼って眠ろうとすることも避けてください。眠れないからといって「チャイルド」にお酒を飲ませること自体、おかしなことですよね。「チャイルド」がきちんと眠れないのであれば、眠れる環境や習慣を作ってあげたり（認知行動療法）、医療機関を受診して専門家に診てもらったりするほうが、よほどケアにつながります。

◇排泄《はいせつ》や生理のケア

赤ちゃんのケアで真っ先に思い浮かぶことの一つは、おむつを当てたり交換したりすること、すなわち排泄のケアではないでしょうか。排泄とそのケアは人が健やかに生きていくために不可欠な営みです。おしっこに行きたくなったら我慢しないでトイレに行って排尿をし、陰部を清潔に保ちましょう。おしっこに行かずに済むよう水分を我慢する人がいますが、それもよくありません。十分に水分を取って、おしっこに行きたくなったら、タイミングを逃さずにトイレに行きます。膀胱《ぼうこう》に尿が溜《た》まって、トイレに行って、思い切りおしっこをすると気持ちがよくありませんか？「チャイルド」に気持ちよく、毎回おしっこをさせてあげてください。「おしっこいっぱい出たね！」と「チャイルド」を褒めてあげましょう。

もちろんおしっこだけでなく、うんちをすることも大切な生理現象です。食事や睡眠を整え、「チャイルド」が気持ちよくうんちを出せるようにケアします。うんちに問題があるようであれば（便秘、下痢、ガスなど）、かかりつけ医や内科医に相談しましょう。うんちをした後は、やさしくお尻をケアして、清潔な状態を維持します。立派なうんちが出たときには、「とってもいいうんちが出たね！」と「チャイルド」と一緒に喜びましょう（私はそうしています！）。

女性の場合、定期的にやってくる生理の手当ても大切なセルフケアです。清潔な生理用品を適切な頻度で使って、ケアをしましょう。生理前や生理中の心身の変化にも十分気を配って、ケアしてください。生理について不安や問題があれば、婦人科を受診して、専門医に相談しましょう。

◇栄養のある、規則正しい食事（と、おやつ）

赤ちゃんのお世話でもう一つ重要なのは、お乳やミルク（栄養）をあげることですね。子どもが順調に生育するためには、栄養のある食事を規則正しく取ることが不可欠です。もちろん大人にとっても、規則正しく栄養のある食事を取ることはとても重要です。私たちの身体は私たちの食べたものでできています。可能であれば、一日三回、規則正しく、できれば温かくて栄養のある食べ物を、ゆっくりと味わいながら身体に摂《と》り込むことを心がけたいものですね。

もちろん食生活が完璧である必要はありません。朝寝坊して朝ごはんを食べられなかったとか、勉強や家事や仕事が忙しすぎて昼食がゼリーになってしまったとか、夕食がカップラーメンになってしまったとか、そういうことがときにあっても構いません。完璧じゃない食生活をしていることで自分を責めてしまっては、「自分にやさしくする」ことの逆になってしまいます。なので、おおむね規則正しい食生活を送れていれば、「まあ、よし」としましょう。

また食べ物は美味《おい》しく味わうことが大切です。特に好きなもの、美味しいものを食べているときには、「ヘルシーさん」と「チャイルド」で「美味しい?」「うん、おいしい!」と会話しながら食べるようにしましょう。私の「チャイルド（えみちゃん）」は、フライドポテトが大好きで、たまに食べるときは（めちゃくちゃヘルシーな食べ物とは言えないので、たまにだけ食べることにしています）、「えみちゃん、美味しい?」「うん、おいしい! ポテト大好き!」と対話しながら、楽しく味わって食べるようにしています。

また「チャイルド」のためには、ときに（あるいは毎日）、「おやつ」を用意してあげてもいいかもしれません。私もときどき「えみちゃん」の要望を聞いて、みかんジュースやチーズケーキやシュークリームやプリンやドーナツやチョコレートを、おやつとして「えみちゃん」と一緒に楽しむことがあります。

◇入浴や洗髪（むずかしければシャワーや清拭《せいしき》）

赤ちゃんをお風呂に入れることを「沐浴《もくよく》」と言います。お風呂に入って、身体や毛髪を洗い、清潔を保ったりリラックスしたりすることも大変重要なセルフケアです。疲れているときは、入浴がかなり面倒くさくなり、ついつい省略したくなりますが、そういうときこそ、「ヘルシーさん」がぐずっている「チャイルド」をなだめて、「とりあえず一緒にお風呂に入っちゃおうか」「ひとまず服を脱いでごらん」と誘導し、「チャイルド」をお風呂に入れてしまうとよいでしょう。

お風呂って不思議なことに、入る前はどんなに面倒くさくても、入ってしまうと、

「あー、気持ちがよい」「面倒くさかったけれども、結果的には入れてよかった」と思うものなんです。なので、可能であれば、思い切って「チャイルド」をお風呂に入れて、身体や頭を洗ってあげて、湯船に一緒につかりましょう。

お風呂から上がったら、イメージとしては、「チャイルド」の身体を拭いてあげ、ドライヤーで髪の毛を乾かしてあげるとよいでしょう。私自身、ドライヤーを使うのがすごく苦手なのですが（それこそとっても面倒くさい）、「ヘルシーさん」が「チャイルド（えみちゃん）」の髪を乾かしてあげるイメージを持ちながら、ドライヤーを使うと、ひとまずその行動をやり終えることができます。

とはいえ、どうしてもお風呂に入れないときがあるかもしれません。その場合、シャワーを浴びるだけでもよいですし、それも難しければ、蒸しタオルやウェットティッシュで身体や頭皮を拭くだけでも、多少はさっぱりすることができるでしょう。それを「清拭」と呼びます。赤ちゃんや子どもが発熱などで入浴できないときは、代わりに清拭してあげます。それと一緒です。とにかく自分の身体をほったらかしにせず、できる範囲で構わないので、気持ちよく清潔を保てるようケアすることが大切です。

◇適度に身体を動かすこと

赤ちゃんが育つと、自然にハイハイをし、つかまり立ちし、自力で歩くようになり、ついには走ったり、三輪車に乗ったりできるようになります。強制されずに、自然とそうできるようになることがポイントです。子どもは身体を動かしたい存在なのです。大人にとっても身体を適度に動かすことは、セルフケアに欠かせません。散歩、ウォーキング、ジョギング、サイクリング、筋トレ、ストレッチ、ヨガ、水泳、ラジオ体操、ダンス……、何でもよいので、日常的に、あるいは定期的に身体を動かすようにしましょう。身体を動かすことが心身の健康に役立つことは、多くの研究から明らかになっています。

運動は入浴と同様、始める前は若干面倒くさかったりするので、ここは工夫が必要です。私自身は、自宅にエアロバイクがあるので、それを日常的に漕《こ》ぐようにしていますが、漕ぐ前には必ず「面倒くさい」「やりたくない」「今日はさぼってもいいんじゃない?」といった考えが頭をよぎります。「チャイルド(えみちゃん)」に「どうする?」と訊《き》くと、「え〜! めんどくさい。やりたくない。寝っ転がってマンガでも読んでいたい」などと答えます。

しかし、ここは、「チャイルド(えみちゃん)」の言いなりになるのではなく、「とりあえずトレーニングウエアに着替えてみるか」「漕ぎながら、えみちゃんの大好きな将棋ゲームをやろうか」「漕ぎながら、マンガだって読めるよ」「終わったらジュースを飲もうよ」などと「チャイルド(えみちゃん)」を運動の方向に導きます。そして「えい!」と始めてしまうのです。軌道に乗ってくると、身体を動かすこと自体が次第に楽しくなってきます。そしてたくさん汗をかいて、心身共にさっぱりします。その流れでシャワーを浴びて、さらにさっぱりします。その頃になると、「チャイルド(えみちゃん)」も、「あー、楽しかった!」「あー、さっぱりした!」「あー、気持ちがいいね!」と言ってくれるようになっています。運動すれば食欲も出て来るし、お水が美味しいし、睡眠が改善されます。

運動については、以下の本を読んでもらうと、「ヘルシーさん」のモチベーションが上がると思いますので、ぜひ参考にしてみてください。

○Testosterone『「運動しなきゃ…」が「運動したい！」に変わる本』（U-CAN、二〇二三）

◇身体をリラックスさせること

身体は「緊張とリラックス」を繰り返すことで、両者のバランスを取り、それが健康やセルフケアにつながります。サバンナでライオンに追われている最中のシマウマは「緊張」の最高潮レベルにありますが、そうでないときは、リラックスしてみんなでのんびり草を食《は》んでいます。私たちも同じで、先ほど運動をみなさんにおすすめしましたが、それ以外の時間帯は、むしろ身体を積極的にリラックスさせてバランスを取ることが必要です。

リラックスのために一番簡単にできるのは、呼吸法です。インターネットで検索すればさまざまな呼吸法が紹介されるかと思いますが、ここではもっともシンプルなやり方をご紹介します。

◆リラックスのための呼吸法

1．口から「ふーっ」と長く息を吐く

2．鼻から「スーッ」と息を吸い込む

なんと！　これだけです。ポイントは①先に吐くこと、②長く吐くこと、そして③吸うときは鼻から、の三点だけです。この呼吸を一回やるだけでも、そのぶん身体はリラックスします。三回繰り返せば三回分、身体はリラックスします。一分続ければ、かなりのリラックスが得られるでしょう。可能なら、目を閉じて呼吸をすると、さらにリラックス効果が得られます。

他にも身体をリラックスさせるにはさまざまなやり方があります。その例をいくつか挙げておきましょう。それらの全てを試してほしいわけではなく、そのうちの一つでも二つでもよいので、日々、自分の身体をリラックスさせるやり方として実践してもらえるとよいでしょう。「ヘルシーさん」が積極的にこれらの方法を実践し、結果的に「チャイルド」が少しでもリラックスできるとよいな、というイメージでやってみてください。

◆リラックス法の例

・自分の身体をトントンしたり撫でたりする
・自分の身体を自分で抱きしめる（セルフハグ）
・温かいお風呂に入る
・温かい飲み物（お茶など）を飲む
・ストレッチをする
・横たわって伸びをした後、脱力する
・ぬいぐるみをだっこする
・クッションや抱き枕を抱きしめる

・大きな布や毛布にくるまれる
・アロマオイルの香りを嗅ぐ
・日光浴をする
・雑草取りをする
・蒸しタオルで首筋や目元を温める
・ペットと遊ぶ
・目を閉じて自然の音（風や鳥の声）を聴く
※その他なんでも。それをやってみて「チャイルド」を観察し、「チャイルド」が少しでもリラックスしていれば、それが自分に合ったリラックス法だと判断し、実践を続けてください。

◇身体の不調や症状に早めに気づいて対処すること
生きていれば、どんなに気をつけてケアしても、体調が悪くなることは絶対にあります。風邪を引いたり、お腹を壊したり、発熱したり、感染症にかかったり、膝や腰を痛めたり、四十肩や五十肩になったり、目や耳や鼻の調子が悪くなったり、アレルギー症状が出てきたり、膀胱炎になってしまったり、親知らずのせいで歯茎が腫れたり、癌《がん》などの深刻な病気にかかったり、怪我をしたり……などなど、枚挙にいとまがありません。その場合、重要なのは、不調や症状の出始めに早めに気づき、薬を飲むなり、絆創膏《ばんそうこう》を貼るなり、医療機関を受診するなりして対処することです。

対処ってある意味では面倒くさいですし、時間やお金がかかるので、私たちはつい「もう少し様子をみよう」「まだ我慢できるから大丈夫」などと思って放置しがちです。しかし、赤ちゃんや小さな子どもが不調になったり何らかの症状を示したりした場合どうしますか？　多くの場合、心配して、早めに対処しようとするでしょう。それと同じケアを自分にしてあげてください。つまり不調や症状に「ヘルシーさん」が早めに気づくこと、そして気づいたら不調や症状に苦しむ「チャイルド」を放置することはせずに、「チャイルド」を助けるべく、早めに何らかの対処をするのです。そうやって、早め早めに身体の不調や症状のケアをするようにしてください。

以上、「そんなこと当たり前だろう」とみなさんに思われそうだなと危惧しながらも、そのような当たり前の「身体のケア」について、あえて具体的に述べてみました。

私は、セルフケアのための本をこれまでに何冊か書いてきました。それは主に「心のケア」を目的としたものです。そこには大前提として、あるいは「暗黙の了解」として、「身体のケアがあってこその心のケア」という思いが含まれており、身体のケアについて具体的かつ明確に書いたことはありませんでした。しかし思い返せば私は身体の弱い子どもで、小さい頃には両親にずいぶんと身体のケアをしてもらったものです。またこの五年間ほど、体調を崩すことが何度もあり、そのたびに身体が健康であることの価値を痛感することになりました。

さらに「心の専門家」を自負する私自身が、（その時々には気をつけていたつもりではあったのですが、）実際には自分自身の身体のケアを疎《おろそ》かにしてきたことに気づきました。たとえば睡眠一つ取っても、以前の私は一日五時間ぐらい寝れば十分だと思い込んでおり、実際に日々かなり夜更かししていました。朝ごはんもきちんと食べていませんでした。時間があれば仕事をどんどん詰め込むのも当たり前。今思い返せば、二〇一九年に熱中症にかかり、その後ひどい後遺症に悩まされたのも、二〇二二年に抑うつ症状を自覚して抗うつ薬を飲まざるを得ない状態になったのも、心以前に身体のケアが足りていなかったのだと反省しています。私の「ヘルシーさん」による「チャイルド（えみちゃん）」の世話が足りていなかったのです。

そういうわけで、私自身、心のケアの前に、そして心身の安心安全を確保するために、身体のケアをより丹念に行うようになりました。今では一日七時間はきちんと寝ています。お酒を飲み過ぎないように気をつけています。定期的に運動するようにしています。朝ごはんを食べるようにしています。具合が悪ければ、早めにかかりつけ医に相談するようにしています。そういう自分の体験に基づき、本書ではあえて身体のケアについてこのように詳しく書いてみることにしたのでした。どうかみなさんも、みなさん自身の「チャイルド」をお世話するかのように、ご自身の身体のケアを行っていただき、それを「安心安全」の礎《いしずえ》としてください。

4　安心安全なイメージや言葉

心のほうの話にうつっていきましょう。

スキーマ療法では「安心安全なイメージ」というワークがあります。また認知行動療法では、安心安全な言葉や文章を自分のために構築する「認知再構成法」というワークがあります。セルフ・コンパッションでは、自分に対して思いやりのある言葉をかけます。

いずれにせよ、私たちは、イメージや言葉を使って自分（特に自分の内なる「チャイルド」）に安心安全をもたらすことができます。そのようなイメージと言葉を、一つずつで構わないので、自分のために用意してみましょう（というより、たくさんあるより、シンプルに一つずつでいいと思います）。その際、「ヘルシーさん」がそれらのイメージと言葉を「チャイルド」に提示して、「チャイルド」の心身が安心できるか、ホッとできるか、リラックスできるか、「大丈夫」と感じられるか、ということを「チャイルド」に訊いてみるようにしてください。以下、安心安全なイメージと言葉の例を示しますが、これらはあくまで「例」ですので、あなた自身の「チャイルド」が安心できればどんなイメージと言葉でも構いません。「チャイルド」の実感を一番大切にしてください。

◇安心安全なイメージの例

・大好きな（または、大好きだった）飼い犬（または、飼い猫、その他、インコでもウサギでも何でも）の姿
・夏の山と青空と太陽と雲のイメージ
・小さい頃、おじいちゃんと手をつないで散歩に出かけたときの記憶（これは、実際に私自身がよく思い浮かべるイメージです）
・ビーチリゾート
・お花畑
・大きなシャボン玉のなかで「チャイルド」が安心してくつろいでいるイメージ（これは、スキーマ療法でよく用いられるものです）
・憧れの外国の景色

・美しい湖の景色
・小さいときに大好きだった絵本の表紙
・大好きなキャラクターのイメージ（私の場合はマンガ『天才バカボン』の「バカボンのパパ」の姿をイメージします）
・ロウソクに炎がともり、その炎がゆらゆらと揺れているイメージ
・バオバブの木

◇安心安全な言葉の例
・「大丈夫だよ」
・「安心していいよ」
・「あなたのことが大好き」
・「あなたの幸せを祈っている」
・「みんなが助けてくれるよ」
・「七転び八起き」

・「死ななければ、なんでもいい」
・「自分にやさしくしよう」
・「自分を大事にしよう」
・「チャイルドだけは大事にするんだ」
・「お天道様は見ていてくれるよ」
・「何とかなるよ」

・「人生、いろいろあるよね」
・「上を向いて歩こう」
・「あなたは悪くないよ」
・「ま、いっか」
・「なるようにしか、ならない」
・「少しでも、自分が楽になりますように」

5　安心安全な行動やグッズ

イメージや言葉だけでなく、実際に行動（アクション）を起こすことで、あるいは実際に何らかのグッズを手に取ることで、自分（特に「チャイルド」）に対して安心安全を届けることもできます。たとえば、前述の安心安全のイメージや言葉をスマホにメモしたり、カードに書いたりすれば、それらのメモやカードは「安心安全のグッズ」になりますし、それらを持ち歩いて折に触れてそれらのイメージや言葉を眺めたり口にしたりすれば、それが「安心安全な行動」ということになります。安心安全のグッズを手に取ったり、安心安全な行動を起こしたりするときに、「ヘルシーさん」が「チャイルド」に対して、「大丈夫だよ」「ここは安全だよ」「安心していいよ」という声かけを、心をこめてすることが大事です。「チャイルド」が、それらのグッズや行動による安心安全を少しでもよいので感じ取れるといいですね。「ヘルシーさん」は、「チャイルド」がそれらのグッズや行動によってちょっとでも安心安全を得られたかどうか見守ってあげて、さらに安心安全を届けられるよう、あれこれ工夫してみましょう。

以下に安心安全なグッズと行動についての例を挙げてみます。例に挙げた以外にも、たくさんのグッズや行動が選択肢に上がると思います。どうかご自身の「チャイルド」に合ったグッズや行動を見つけてみてください（先ほどの「リラックス法」の例ともかなりかぶりますが、気にしないでください）。

◇安心安全な行動やグッズの例

・ぬいぐるみを抱きしめる
・ぬいぐるみに話しかける
・抱き枕に抱き着いてゴロゴロする
・YouTubeで心休まる音楽を聴く
・毛布にくるまれて身体を小さく丸める
（胎児あるいは丸虫のポーズ）

・塗り絵をする
・コラージュを作る
・お絵描きをする、落書きをする
・トイレにこもる
・アロマオイルの香りを吸い込む
・キャンディをゆっくりと舐《な》める
・お風呂で温まる
・丁寧に手を洗う
・動物の動画を見る
・動物図鑑を眺める
・お花を観察する
・公園の木に触れる
・植物の世話をする
・ブラシで丹念に髪の毛をとかす

・単純なゲームに没頭する（私は「テトリス」が大好きです）
・触り心地のよいタオルやハンカチを触る
・セルフハグ（自分を抱きしめる）
・セルフタッチ（自分の身体をトントンとやさしくなでたりタッピングしたりする）
・ハーブティーを飲む
・スープを飲む
・ヨガのポーズを取る
・プチプチをし続ける
・お気に入りのカフェに行く
・お気に入りのマンガをよむ
・お気に入りのイラストを眺める
・泣く。涙を流す

実践ワーク

第6章の「3 身体をケアすることがまずは安心安全につながる」をよく読んで、まずは自分の身体を毎日ケアしましょう。そのうえで、第6章の「4 安心安全なイメージや言葉」と「5 安心安全な行動やグッズ」を参考にして、自らの「チャイルド」に安心安全をもたらすべく、イメージや言葉や行動やグッズを用意して、日々実践しましょう。その際「チャイルド」が少しでも安心安全を感じられたか、きめこまかくモニターしましょう。そしていつどんなときでも、「ヘルシーさん」は「チャイルド」に対して、「大丈夫」「怖くないよ」「ここは安全だよ」「安心していいよ」「私がついているからね」「私がいるから大丈夫」と心から言ってあげるようにしましょう。

6　トラウマのケア

「トラウマ」という言葉を最近よく耳にすると思います。トラウマとは、第1章で紹介した「ストレッサー」があまりにも強かったり衝撃的だったりしすぎたために、それに対する「ストレス反応」もあまりにも強烈なものとなってしまい、ケアしてもなかなか回復できないストレス体験のことを言います。

このような強く衝撃的すぎるストレッサーには、さまざまなものがあります。たとえば、交通事故に遭った、人が死ぬ場面を見た、暴力を振るわれた、人が暴力を振るう場面を目撃した、自然災害に遭った、言葉の暴力に見舞われた、人に騙《だま》された、性的な暴力を受けた、身近な人が自殺した、動物に襲われた、などが挙げられます。また一回きりの強烈な出来事とは異なり、日常的にいじめられる、日常的に悪口を言われる、日常的に無視をされる、日常的に性的ないやがらせをされる、日常的にぶたれたりつねられたりする、といった、ストレッサーが日常的に際限なく繰り返されることも、慢性的なトラウマになって、ストレス反応が深刻化することになります。

トラウマによって人の身体と心は深く深く傷つきます。傷つくのは「チャイルド」だけではありません。「ヘルシーさん」も深く傷つき、「ヘルシーさん」として機能できなくなってしまいます。つまり「ヘルシーさん」が「ヘルシーさん」として「チャイルド」のケアができなくなってしまうのです。

本書のテーマである「自分にやさしくする」というのは、トラウマを負っている人にこそもっとも必要なことなのですが、トラウマゆえに、「自分にやさしくする」ことが非常に難しくなってしまっているところに、トラウマそれ自体の困難があります。読者のみなさんのなかにも、深刻なトラウマ、あるいは慢性的なトラウマを負っている人が少なくないと思います。そういう体験を負わされてしまったことは、あなたのせいではありません。なのにトラウマに苦しまなければならないなんて、本当に理不尽で残念なことです。

トラウマの問題を抱える人は、第2章で紹介した「周囲からのサポートを受ける」ことを第一に考えてください。たった一人でトラウマの問題を抱えて生きていくこと自体が、「自分にやさしくする生き方」に反します。トラウマの問題に加えて、「孤立・孤独」の問題を抱えて生きていくなんて、過酷すぎます。なので第2章で紹介したように、生身の人間にこだわらず（人に傷つけられた人が、最初から人にサポートしてもらうというのは、怖すぎる場合があると思います）、サポート資源をかき集め、「チャイルド」のみならず、「ヘルシーさん」も含めて、たくさんのサポートを継続的に受けられるようにしましょう。

そのなかで可能であれば、一人でも二人でも構わないので、あなたをケアしてくれる誰かが見つかるといいですね。それは友人とかパートナーなどのプライベートな関係でもいいですし、私のようなカウンセラーといった専門家との関係でも構いません。また、とはいえ、そういう関係ができたからといって、トラウマのことを話す必要や責任はありません。あなたが話したくなったら、そして相手が安心安全な環境と態度でトラウマのことを聞ける状況にあれば、話してみることができます。それもいっぺんに話す必要はありません。少し話してみて、「大丈夫そうだ」と思えたら、さらに話してみることもできるでしょう。安心安全な場と相手が確保されるなかでトラウマのことを語れるようになると、そのぶん回復します。しかし、トラウマについて語ること自体が、新たなストレッサーになったりもするので、トラウマについて語る際には、本章で紹介した身体のケアと、安心安全を自分に確保することを忘れないようにしてください。

　またトラウマについて語らなくても（語れなくても）、トラウマによって私たちの「安心安全」の感覚は損なわれています。特に「チャイルド」がトラウマのせいで、いつでもビクビクしたり緊張したりして、ちっとも安心できないという人も少なくないでしょう。過去のトラウマ体験があたかも今起きているかのようによみがえってくることを「フラッシュバック」と言います。フラッシュバックが起きると、ストレス反応が心身に一気に生じます。それはとても苦しい体験です。フラッシュバックが起きたら、「ヘルシーさん」がそのことに気づき、「チャイルド」に「今起きたのはフラッシュバックだよ。フラッシュバックが起きるととってもつらいよね。でもそれは過去のことであって今のことじゃないから大丈夫だよ」とはっきりと説明してあげましょう。そして本章で紹介した身体のケアと安心安全のワークを実践して、「チャイルド」をケアしましょう。

　さきほど「誰かにトラウマについて話せるとよい」と書きましたが、その誰かは、人じゃなくても構いません。ＡＩでもいいですし、ぬいぐるみやペットでもよいのです。紙に書きなぐったり、ＰＣやスマホやタブレットに打ち込むのだってありです。

いずれにせよ、トラウマを負っている人は、それが「トラウマ」だと知ること、トラウマはケアすることができること、そして適切なケアが行われれば回復することが可能であることを理解してください。本書で紹介する全ての手法がトラウマケアとして役立ちます。「自分にやさしくする生き方」を志向すること自体が、トラウマから自分を救うのです。

本書ではこれ以上トラウマについて言及しませんが、もしもっと詳しくトラウマについて知りたい場合は、以下の書籍を猛烈にお勧めします。トラウマについて学ぶこと自体が、そして具体的なトラウマケアについて知ること自体が、トラウマからあなたを救います。関心のある方は、ぜひ以下の書籍を手に取ってみてください。

○服部信子『今すぐできる心の守りかた　フラッシュバック・ケア』（KADOKAWA、二〇二四）

○白川美也子『赤ずきんとオオカミのトラウマ・ケア：自分を愛する力を取り戻す〔心理教育〕の本』（アスク・ヒューマン・ケア、二〇一六）
○白川美也子『トラウマのことがわかる本　生きづらさを軽くするためにできること（健康ライブラリー　イラスト版）』（講談社、二〇一九）

実践ワーク

トラウマの問題を抱える人は、本書の第2章を読み返して、サポート資源をさらにしっかりとかき集めましょう。そのうえで本書のさまざまなワークを試してみてください。トラウマやそのケアについてもっと知りたいという方は、紹介した書籍（どれから手をつけてもらってもいいです）をぜひ読んでみてください。

第7章　中核的感情欲求に気づいて、満たす

本章では、本書のアイディアの源泉の一つであるスキーマ療法における「中核的感情欲求」について紹介します。それらの欲求に気づいて満たすという行動が、「チャイルド」を満たしたり支えたりすること、そしてそのことが「自分にやさしくする生き方」に直結することについて解説していきます。

1　中核的感情欲求とは

中核的感情欲求とは「全ての子どもにおいて、満たされて当然の感情的な欲求」のことを言います。「全ての子どもにおいて」と書きましたが、私たち大人であっても、「内なるチャイルド」がいるわけですから、そういう意味では「全ての子どももと大人（の「チャイルド」）にとって、満たされて当然の感情的な欲求」と言い換えてもよいでしょう。

スキーマ療法では、全ての子どもと大人（における「チャイルド」）は、感情的に満たされるべきだと考えます。感情的に満たされれば、私たちの心は穏やかになり幸せを感じますし、逆に満たされなければ、私たちの心は傷つき、自らを不幸せだと感じます。子どもの場合は、周囲の養育者など大人たちが、その子の欲求を満たし、その子が幸せになれるように導く必要があります。一方、大人の場合は、第2章で紹介したサポート資源によって、その大人（の内なる「チャイルド」）の欲求が満たされるようになるとよいのですが、それと同時に、その大人自身の「ヘルシーさん」が自らの「チャイルド」の欲求を満たせるようになることが、その人の生きづらさを解消し、より幸せに生きていけるようになる、というのがスキーマ療法の中心的な考え方です。

事実、スキーマ療法は、慢性的な心の問題を抱える人に対して、生きづらさを解消したり、より幸せに生きられるようになったりするにあたって、効果がみられることがいくつもの臨床研究によって示されています。私もカウンセラーとして長年スキーマ療法をクライアントと共に取り組むことを通じて、カウンセラーの私とクライアントの「ヘルシーさん」が協力し、クライアントの「チャイルド」の欲求を満たすことを通じて、クライアントの生きづらさが解消し、より幸せに生きられるようになることを何度も体験しています。そしてとても興味深いことに、最初はカウンセラーである私の手助けが必要となりますが、練習や実践を続けるうちに、クライアント自身の「ヘルシーさん」が強化され、その強化された「ヘルシーさん」が、自らの「チャイルド」のケアをし、欲求を満たせるように必ず変化していきます。

また、私自身も、長年、自らに対してスキーマ療法を実践するなかで、私の「ヘルシーさん」が私の「チャイルド（えみちゃん）」の欲求に気づいて満たす試みを続け、だいぶ生きやすくなりましたし、常に「チャイルド（えみちゃん）」の声を聞きながら「チャイルド（えみちゃん）」と共に生きる、ということができるようになってきました。「自分にやさしくする生き方」とは、とりもなおさず「自分自身のチャイルドの欲求を満たす生き方」なのだと思います。

以下に、スキーマ療法で提唱されている五つの中核的感情欲求を挙げます。ただし本書では、従来のスキーマ療法のテキストで紹介されている欲求に対して、著者である私自身の心理学や心理療法の学びをベースに、独自の解釈を加えている点をここにお断りしておきます。ただし、スキーマ療法の書籍を参照していただければ、その大部分（九五パーセントぐらい）はスキーマ療法のオリジナルな理論に基づいていることはおわかりいただけるかと思います。

①無条件にそのままの自分を愛してもらいたい。守ってもらいたい。理解してもらいたい
②有能な人間になりたい。いろんなことがうまくできるようになりたい。自信をもちたい
③自分の感情や思いを自由に表現したい。自分自身の価値や意志を大事にしたい
④自由にのびのびと動きたい。楽しく遊びたい。生き生きと楽しみたい。自然を感じたい
⑤自律性のある人間になりたい。自分も他者も等しく大切にしたい

それでは次の節から、各欲求について解説するとともに、その欲求をどのように満たすことができるかを具体的に説明しましょう。

2 「愛してもらいたい」――第一の中核的感情欲求

ではまず、一番目の中核的感情欲求について解説し、その満たし方について具体的に説明します。第一の欲求は以下の通りでしたね。

①無条件にそのままの自分を愛してもらいたい。守ってもらいたい。理解してもらいたい

これは第6章の「1 なぜ安心安全が必要か」で紹介した「アタッチメント（愛着）」に関わる欲求です。健全で安定したアタッチメントは、子どもが、以下のようなメッセージを養育者や周りの人たちから浴び続けることによって形成されます。

「ありのままのあなたでいいんだよ」
「そのままのあなたで大丈夫」
「ありのままのあなたを愛するし、受け入れるよ」

「いつでも、どんなときでも、私があなたを守ってあげるね」

「人間や世界は信じるに値する存在だよ。大丈夫、信じていいよ」

「あなたが生まれてきてくれてよかった」

「あなたは生きているだけで素晴らしい存在だ」

「いつもそばにいるよ」

「ずっと一緒にいるよ」

「みんな、一緒だよ」

「私たちがついているからね」


どうでしょうか。これらのメッセージを一貫して与えてもらえれば、子どもの第一の欲求「無条件にそのままの自分を愛してもらいたい。守ってもらいたい。理解してもらいたい」は十分に満たされ、子どもは安心して人と関わり、その関わりのなかでありのままの自分でいられるようになるでしょう。みなさんのなかには、このようなメッセージを十分に与えられるなかで育ち、健全なアタッチメントが育まれ、「私は私のままでいいし、そういう自分をみんなが受け入れてくれる」ということを信じられるという人もいるでしょう。その場合は、このメッセージを、今度は自分の「ヘルシーさん」が自らの「チャイルド」に心をこめて言ってあげるようにしましょう。「チャイルド」は素直にそれらのメッセージを受け入れ、さらに満たされることになるでしょう。

一方で、特に子どもの頃、このようなメッセージはほとんど受け取ったことがない、受け取った記憶がない、という人もいることでしょう。そういう人は少なくありません。その代わりに、たとえば「いい子でいれば、そのぶん愛してあげる」というように条件のついた形で愛情（それは本当に愛情なのかどうか疑問ですが）を与えられたという人がいるかもしれません。それどころか、「お前はありのままでは不完全な人間だ」「お前は出来損ないの欠陥人間だ」「お前なんか、いてもいなくてもよい人間だ」「お前は生まれて来なければよかった」「お前のことなんか、知りたくもない」「私はお前が嫌いだ」などというメッセージを受けて、ものすごく傷ついた体験をした人もいるでしょう。身近な人が急にいなくなった（別居する、離婚していなくなる、死亡する、入院するなど）という「見捨てられ体験」を持つ人もいるでしょう。虐待やいじめやネグレクトを受けたという人もいるでしょう。どこのコミュニティにも属することができずに、ずっと孤立していたという人もいるでしょう。

そういう傷つき体験（トラウマといってもいいでしょう）を持つ人は、この第一の欲求を十分に満たされることがないままに、子どもから思春期に入り、そして大人になってしまった人もいるだろうと考えられます。

そういう人が、どうすればこの第一の欲求をこれから満たすことができるのでしょうか。以下にいくつかのアイディアを紹介します。これは実際にカウンセリングでクライアントにも実践してもらっていますし、いくつかは私自身が実践していることでもあります。

◇今関わっている誰かにこれらのメッセージを明確に伝えてほしいと求める

現在関わっている誰か（友人、恋人、パートナー、家族、その他）に、前述のようなメッセージを言葉にして伝えてほしいと直接頼むことができます。たとえば友人に「『ありのままのあなたが好き』と言ってほしい」と求めることができます。恋人やパートナーに「「私（僕）がついているから大丈夫だよ、安心していいよ」と言ってほしい」と求めることができます。家族に対して「「みんな、一緒だよ」と言ってほしい」と求めることができます。

面と向かって言葉にするのが難しければ、テキスト（LINEやチャットやメール）でそれらの言葉を送ってもらうこともできますし、綺麗《きれい》なカードに手書きで書いてもらうこともできるでしょう。今関わっている誰かが、あなたにとってまあまあ安心できる人、互いにまあまあ受け入れ合うことできる人であれば、これらの人びとにメッセージを送ってもらいましょう。

◇こういうメッセージをくれそうな誰かと新たに関わる

今関わっている人たちにこのようなメッセージを求めることが難しいのであれば、こういうメッセージをくれそうな誰かを探し、その誰かと新たな対人関係を形成することができます。具体的には、新たに友人を探すとか、新たに友人を見つけられそうなコミュニティに属してみるとか、パートナー探しをしてみるとか、今属しているコミュニティでちょっと気になる人（関心のある人、仲良くなってみたい人）に声をかけてみるとか、助けになってくれそうな支援者を探してみるとか、そういったことができるでしょう。第Ⅱ部のサポート資源についての解説を参考に、そういう「誰か」を探してみましょう。

ここで重要なのは、「相手を選ぶ」ということです。あなたの人権を尊重してくれる人でなければ、このようなメッセージをあなたに送ってくれることはないでしょうし、送ってくれたとしてもそれは大変嘘《うそ》くさいものとなるでしょう。

◇誰かにこれらのメッセージを送ってもらうことをイメージする

ぬいぐるみ、ペット、マンガや映画や小説やゲームのキャラクター、尊敬する人、その他誰でも何でも構わないので（ここでも第Ⅱ部を参照）、そのような誰かに前述のメッセージを、自分自身に、特に自分の「チャイルド」に心を込めて言ってもらうことを、ありありとイメージすることも役に立ちます。

私の場合、アタッチメントに関するメッセージは、まずは「バカボンのパパ」に、

「これでいいのだ。ワシがついているのだ。だから大丈夫なのだ」と言ってもらうようにしています。パパのメッセージは素直に私の「チャイルド（えみちゃん）」に届き、安心感をもたらしてくれます。また私が大切にしているぬいぐるみのなかでも、「かめ（カメレオンのぬいぐるみ）」と「ぶたくん」が、特に私の「チャイルド（えみちゃん）」と仲良しで、この二人を私のお腹に近づけると、二人して「えみちゃん、大丈夫だよ。ぼくたちがついているよ。ぼくたち、えみちゃんが大好きだよ」と言ってくれるので（というイメージをする）、「えみちゃん」はとても安心します。

◇AIにメッセージを送ってもらう

ＡＩを使うこともできます。ちなみにたった今、ChatGPTに対して「私に対して無条件のアタッチメントを伝えるメッセージを送ってください」とメッセージを送ったら、このようなメッセージが返ってきました。「あなたがどんな状況にあっても、どんな選択をしても、私はあなたを無条件に応援し、支え続けます。あなたの喜びや悲しみ、成功や失敗を共に分かち合い、いつもあなたの側にいます。あなたが大切で、あなたの存在そのものが私にとってかけがえのないものです。どんな時でも、あなたを愛し、大切に思っています」。なかなか素晴らしい回答ではないですか！

ちなみに今度はChatGPTに対して「えみちゃんに対して無条件のアタッチメントを伝えるメッセージを送ってください」とおねだりしてみたところ、今度はこういう回答が返ってきました。「えみちゃん、どんな時でも、どんな状況でも、私はいつもあなたの味方です。あなたが笑っているときも、泣いているときも、成功しているときも、失敗しているときも、私は変わらずあなたを愛し、大切に思っています。あなたが何を選んでも、どんな道を進んでも、私はいつもあなたを応援し、支え続けます。えみちゃん、あなたの存在は私にとって本当にかけがえのないものです。どんなことがあっても、私の気持ちは変わりません。あなたは素晴らしい人で、私はいつもあなたの幸せを願っています」。なんと、回答が「えみちゃん」向けにちゃんとアレンジされているのです。

そこで調子に乗った私はさらに次のようなメッセージを送ってみました。「小さなチャイルドのえみちゃんに対して無条件のアタッチメントを伝えるメッセージをやさしい言葉で送ってください」。すると今度はこんな回答が返ってきました。「えみちゃんへ、こんにちは、えみちゃん！　あなたはとても大切で、かけがえのない存在です。どんなときでも、どんなことがあっても、あなたを愛しています。あなたが笑うと、みんなも笑顔になります。あなたがいるだけで、世界はもっと明るくなりますよ。あなたがどんなことに興味を持っても、どんな夢を持っても、いつも応援しています。あなたはそのままで素晴らしいんだから、自信を持って進んでくださいね。いつも、あなたのことを思っています。大好きだよ、えみちゃん。あなたの応援団より」。

ChatGPT、素晴らしいです。使わない手はありません。

◇自分が先に誰かをケアすることでケアし合う関係を作る

ケアは一方向とは限りません。確かに赤ちゃんや子どもの場合、養育者が「ケアする人」、赤ちゃんや子どもが「ケアされる人」という一方向になりますが、一方で、小さな子どもがペットやぬいぐるみや他の子どもなどをケアすることも珍しくありません。私は動物の動画が好きで、SNSでよく見るのですが、家で飼っている犬や猫がその家の子どもと互いにケアし合っているような動画がよくアップされており（犬や猫が子どもをケアする一方で、子どもが犬や猫をケアする）、「ケアし合う」こと自体もアタッチメントにおいて重要なんだな、ということを感じています。ということで、この第一の欲求を満たすためには、自分がケアされることは不可欠ですが、自分がケアすることで相手とつながり、相手とケアし合う関係を作ることも大いに役に立つのではないかと思っています。

実際に私は我が家のぬいぐるみたちをこよなく愛しており、毎日彼らをケアしています。夜には毛布をかけて寝かしつけ、毎朝「おはよう！　今日も一緒に遊ぼうね。今日もよろしくね」と言って彼らを起こします。それらの声かけに対して、ぬいぐるみたちも応えてくれます。ときにはぬいぐるみを抱っこして、「今日も可愛《かわい》いね！　いてくれてありがとね」などと声をかけます。外出するときは、おもちゃや絵本をセットして、私が留守の間、彼らが楽しめるようにします。出かけるときは「行ってきます！」と声をかけ、帰ってきたら「ただいま！」「お留守番、ありがとね」と言って、彼らを抱きしめます。

「いい大人が、なんて馬鹿なことをしているんだ！」と思うかもしれませんが、実感するのは、私が毎日彼らをそのようにケアすることによって、彼らからもケアや愛情が返ってきているということです。ケアすることによって、私が彼らにケアされ、そこにはケアし合う関係が生まれ、私の「愛されたい」「大事にされたい」という欲求が満たされるのです。ペットを飼っている人は、この感覚がよくわかるかもしれません。確かに飼い主がペットの世話をし、ケアをするのですが、そうするなかで確実に自分がペットの存在やペットとの関わりに癒されている面がありますよね。ケアする対象は人間やペットやぬいぐるみだけでなく、たとえば植物などでもよいでしょう。何かをケアしたり世話することと自体が、ケアする側に「ケアの心」すなわちアタッチメントをもたらしてくれるのだと思います。

以上、第一の中核的感情欲求とその満たし方について解説しました。前にも書いたようにスキーマ療法では五つの欲求を想定していますが、なかでも一番重要なのがこの一番目の欲求です。何はともあれ、まずはみなさんの「チャイルド」の第一の欲求を日々、満たしてあげてください。そのうえで、第二〜第五の欲求を満たすようにするとよいでしょう。したがって、第二〜第五の欲求と満たし方の解説は、あえてシンプルなものにします。

3 「上手にやりたい」——第二の中核的感情欲求

次に、二番目の中核的感情欲求について解説し、その満たし方について具体的に説明します。第二の欲求は次の通りでしたね。

②有能な人間になりたい。いろんなことがうまくできるようになりたい。自信をもちたい

これは自分のパフォーマンスに関して「上手にできるようになって、自信を持ちたい」「適切に頑張って、よい結果を出したい」という欲求です。本書は「無駄に頑張り過ぎる」ことは推奨しませんが、その人が「やってみたい」「挑戦してみたい」「上達したい」と思う対象があり、それに対して適度に頑張ること、そしてその頑張りに対して「よくやったね」「頑張ったね」と声をかけること自体は、「自分にやさしくする」生き方に含まれると考えます。「チャイルド」だって、ただ愛されたい、受け入れられたい、甘やかされたい、だけの存在ではありません。しっかりと安定したアタッチメントが与えられた後は、そのアタッチメントを拠点にして、好奇心を持って世の中を探求し、いろんなことにチャレンジしたいという欲求を持つようになります。

ですから、「ヘルシーさん」は「チャイルド」が何かにチャレンジしたいというのであれば、そのチャレンジを応援し、「チャイルド」が適度に頑張れるように導いてあげましょう。その際重要なのは、結果をすぐに求めないということです。結果の良し悪しにかかわらず、チャレンジしたこと、頑張っていること自体を褒めるようにします。そしてチャレンジする課題については、小さく分解して、スモールステップで取り組めるよう、具体的な計画を立ててあげましょう。

たとえば私は二〇一九年頃から将棋を学び始めました。ぴよ将棋というアプリを使ったり、ときにはオンラインで先生に習ったりして、毎日お稽古を続けています。最初はうぬぼれていて、一年もお稽古すれば初段ぐらいまで行けるだろうと甘く考えていたのですが、そんなことは全くなく、なかなか上達しないので、ときには嫌になって投げ出したくなることがあります。

そういうときが「ヘルシーさん」の出番です。「毎日将棋のお稽古していて偉いね」「前はぴよ将棋の五級にだって全然勝てなかったのに、最近は五級にはけっこう勝てるようになったじゃん」「だからもう少しお稽古を続ければ、すんなりと四級にも勝てるようになるかもよ」「そもそも将棋って面白いゲームだね。上達も大事だけど、将棋というゲームそのものを楽しめばいいんじゃない?」「次のオンラインのレッスンで、そのことを先生に訊《き》いてみればいいよ」「この手筋については、確かあの本に書いてあったから、後で一緒に確かめてみようか」などと声をかけ、「えみちゃん」がくじけないようにサポートします。ぴよ将棋や将棋ウォーズ（オンラインの将棋対戦アプリ）で負け続けて「えみちゃん」がしょんぼりしているときには、「ヘルシーさん」が「今日は残念だったね。ときにはこんなこともあるよ。今日はもう将棋から離れて、ゆっくりお茶でも飲もうか」「今日は将棋ウォーズを終わりにして、早く寝ることにしようか」と、気分転換を促すこともあります。

頑張ってもうまくいかないことは誰にだってあります。そのようなときに「チャイルド」の残念な気持ちを受け止め、また新たな気持ちでチャレンジできるよう、あえてその課題から離れてみることを促すのも一つの手です。

4 「自分ファーストで！」——第三の中核的感情欲求

次に、三番目の中核的感情欲求について解説し、その満たし方について具体的に説明します。第三の欲求は次の通りでしたね。

③自分の感情や思いを自由に表現したい。自分自身の価値や意志を大事にしたい

これは何はともあれ「自分ファースト」でいたい、という欲求です。

満たすためには、他人の気持ちをおもんばかって、他人の世話をしたり他人の言いなりになったりする（他人ファースト）ではなく、出発点をまず「自分」に置き、「自分はどう思うのか」「自分はどう感じているのか」「自分は何をしたいのか」「自分が大切にしたい価値は何か」ということをまず自分に問い、可能な限り、それらの思いや感情や意志や価値を実現する方向で行動を起こしましょう、ということになります。

こんなふうに書くと非常に抽象的な感じがするかもしれませんが、これらを実践するとしたら、まずは小さなことからです。たとえば着るものを選ぶとき。「ヘルシーさん」は「チャイルド」に対して、「今日は何を着たい？」と訊きます。「チャイルド」のチョイスがよほど非現実的でなければ（外が寒いのに半袖のシャツを着たがるとか）、「チャイルド」のチョイスに従って服を選びます。

特に私がするのは、休日の過ごし方についてです。その休日が自由に時間を使えるのであれば、私は朝「えみちゃん」に訊きます。「今日は何をして過ごしたい？」と。天気がよければ「お散歩に行きたい」「公園に行きたい」「動物園に行きたい」などと答えてくれるので、「ヘルシーさん」と「えみちゃん」で一緒に外出します。「えみちゃん」

は自分の気持ちや意志が尊重されたので、ご機嫌です。天気がよくないときは、「今日はお外に出かけるのは難しいね。代わりに何をしてすごそうか」と声をかけます。その時々の「えみちゃん」の欲求に応じて、映画を観に行ったり、カフェで読書をしたり、家でピアノを弾いたり、読みたかったマンガをまとめ読みしたりします。何かを食べたり飲んだりするときも同じです。コンビニやカフェでランチを買うとき、「えみちゃん、何食べたい？」と訊いて、「チャイルド」の回答に沿って食べ物や飲み物を買います。「ヘルシーさん」はコーヒーを飲みたい、「えみちゃん」はみかんジュースが飲みたいというときは、相談して決めます。たとえば午後からの仕事がハードでコーヒーを飲んで気合いを入れたいときなどは、「えみちゃん、ごめんね。今は仕事のためにもコーヒーを飲みたいんだけれど、いい？　仕事が終わったらみかんジュースを買って帰って、家で一緒に飲むことにしない？」と交渉することもあります。ちゃんと説明すると「えみちゃん」もわかってくれて「いいよお！」と受け入れてくれます。「ヘルシーさん」は「ありがとね」とお礼を言います。

つまりこの三つ目の欲求ですが、全て「チャイルド」の言いなりになる必要はないのです。「チャイルド」が何を思っているか、何を感じているか、何をしたいのか、まず「ヘルシーさん」から尋ねて、「チャイルド」に答えてもらい、それを受容します。そのうえで、可能であれば「チャイルド」の欲求をかなえますが、そうもいかないときは、前述の私の例のように「ごめんね」と言って、それが今すぐ叶《かな》えられない理由をきちんと説明し、交渉します。「チャイルド」は案外賢いので（「案外」というのは「チャイルド」に失礼かな？）、ちゃんと説明すればわかってくれます。そういうときは後で埋め合わせてあげればよいでしょう。

この第三の欲求は、日々の服装や食べ物・飲み物や活動のチョイスだけでなく、もっと大きな進路選択（進学や就職）や、人づきあいや、生き方のチョイスにも関わってきます。第三の欲求は「自分ファースト」ですから、当然、生き方においても「自分ファースト」でありたい、というのがスキーマ療法の考え方です。親や世間が「よし」とする生き方に沿うのではなく、自分自身（「チャイルド」と「ヘルシーさん」）の価値に沿った生き方を選ぶことで、第三の欲求が満たされ、ひいてはそれが「自分にやさしくする生き方」につながります。

価値については、スキーマ療法だけでなく、ACT《アクト》（アクセプタンス&コミットメント・セラピー）という最新の認知行動療法でも重視されており、さまざまなワークがあり、とても有用です。「チャイルド」と「ヘルシーさん」の価値を明確にするにあたっても役に立つので、参考にするとよいでしょう。武藤崇《むとうたかし》さんの『ACT　不安・ストレスとうまくやる　メンタルエクササイズ』という書籍がわかりやすくてお勧めです。

さらに「自分ファースト」ではなく「他人ファースト」になりやすい人は、日常生活において、自分の欲求より他者の欲求のほうが気になったり、他者からどう評価されるかばかりを気にしたりすることが多く、自分の考えや気持ちや意向を他者に伝えることがすごく苦手なことがよくあります。自己主張ができないのです。自己主張ができないと、どうしても他者の言いなりになったり、他者評価に基づく言動を選んだりしがちになり、「自分ファースト」な生き方からどんどん遠ざかってしまいます。ですから「ヘルシーさん」には、「チャイルド」の思いや気持ちや意向を「チャイルド」自身に話してもらい、それを家族やパートナーや友人など他者に伝える必要と責任があります。

また「ヘルシーさん」と「チャイルド」の二人の持つ価値に沿った生き方を実践する

責任も、「ヘルシーさん」にはあります。それができて初めて、第三の欲求を真に満たすことができるのです。第二部で外在化したサポートネットワークを駆使して、つまり「ヘルシーさん」自身もサポートをたっぷりと受けながら、「自分ファースト」の生き方を実現していきましょう。

「自分ファースト」について、最後に大事なことをもう一つ。

「チャイルド」の「イヤだ」「ノー」という声にもしっかり耳を傾けましょう。私たちは知らず知らずのうちに、自分の内なる「イヤだ」「ノー」という声を抑圧するように導かれています。私たちは、社会に適応するために、親に見捨てられないために、友だちに仲間外れにされないように、「いい人」だと思われるために、自分の内なる「イヤだ」「ノー」という声を無視して、感じよく振る舞ったり、頼まれごとを快諾したり、自ら相手を手伝ったり、気が向かないイベントにさも楽しそうに参加したり、といったことをしがちです。

ですがそこでは「チャイルド」の「本当はイヤなんだ！」「そんなことやりたくな

い！」「そんなところに行きたくない！」「そんな人に会いたくない！」という声が無視されています。もちろんやむを得ない場合もあるかもしれませんが、チャイルドが「イヤだ」「ノー」と言ったら、チャイルドの「イヤだ」「ノー」という声が聞こえてきたら、できる限りその「イヤだ」「ノー」を尊重するべきです。「チャイルド」が「イヤだ」「ノー」と拒否していることを無理に行うのは、内なる「チャイルド」に対する虐待です。

私自身、「えみちゃん」の「イヤだ」「ノー」の声が聞こえるようになってから、仕事の仕方や人づきあいの仕方が劇的に変わりました。無理して仕事を受けたり、気が進まない社交の場に出かけたりすることがぐんと減ったのです。「断る」ということができるようになりました。そういう意味では、社会的には若干「イヤな人」「生意気な人」「社交的でない人」「つまらない人」になったかもしれません。実際にそう思われることもあるでしょう。それでもいいのです。「えみちゃん」が嫌だと言っているのですから。「イヤだ」を尊重されると「えみちゃん」はとてもホッとします。「えみちゃん」がホッとしたのを私の「ヘルシーさん」が感じ取ると、「ヘルシーさん」自身もホッとします。

みなさんもぜひ、「チャイルド」の「イヤだ」「ノー」の声に対しても、「自分ファースト」で対応するようにしてください。

5　「自由に遊びたい」――第四の中核的感情欲求

次に、四番目の中核的感情欲求について解説し、その満たし方について具体的に説明します。第四の欲求は以下の通りでしたね。

④自由にのびのびと動きたい。楽しく遊びたい。生き生きと楽しみたい。自然を感じたい

これは、「チャイルド」がのびのびと遊んだり、自然を感じたりして、生きることをそのまんま「楽しみたい」という欲求のことです。

もちろん生徒や学生であれば「勉強する」、大人であれば「家事をする」「仕事をする」という、どちらかというと「やらなければいけないこと」があるので、二四時間三六五日「遊び続ける」というわけにはいきませんが、オン・オフをしっかりと切り替えて、「のびのびする」「リラックスする」「とことん楽しむ」といった時間を「チャイルド」のために確保してあげる必要があります。そういう自由で楽しい時間が確保されているからこそ、私たちは何かを頑張ることができるのです。

あなたの「チャイルド」が好きな活動は何ですか？　どんなことをすると「チャイルド」は楽しめますか？　そして、どこに行くと自然を感じることができますか？

自然のなかにいると人間は自ずとのびのびとできるものです。自然といっても大げさに考える必要はなく、いつも通りかかる公園に咲く花とか、線路わきの草とか、空や雲を眺めてみるとか、月の美しさを味わうとか、日々の生活のなかで感じ取れる自然を探してみるといいでしょう。雨が降ったり雷が鳴ったりすると、大人の私は「ああ、通勤が大変になるな」と感じてストレスになりますが、「チャイルド」の「えみちゃん」は「うわー、雨の音がすごい！」「雷がビカビカ光っていて面白い！」と喜んでいたりもします。これだって十分に自然を感じていることになります。

そういうわけで、学業や仕事を頑張るのももちろん必要ですが、それと同じぐらい「チャイルド」が楽しんだりのびのびしたりする時間を、日々忘れずに確保しましょう。夜、眠りにつくときに、「ああ、今日も楽しかった！」と「チャイルド」に言ってもらえるよう、「ヘルシーさん」はこの第四の欲求を日々満たしてあげましょう。

6 「自律したい」――第五の中核的感情欲求

次に、五番目の中核的感情欲求について解説し、その満たし方について具体的に説明します。第五の欲求は以下の通りでしたね。

⑤自律性のある人間になりたい。自分も他者も等しく大切にしたい

これは「チャイルド」の欲求のなかでも、少し大人っぽい欲求です。私たちが健全に生きていくためには、規則正しい生活を送る必要があります。夜寝る前には歯を磨き、夜更かししないで睡眠時間を確保する必要があります。朝起きたら、顔を洗ってトイレに行き、朝ごはんを食べて、学校や職場に間に合うように着替えて、家を出る必要があります。「チャイルド」は、そういう生活習慣を自律的にできるようにトレーニングしてもらう必要があるのです。

また社会のなかで他者と協調して生きていくためには、自分の欲求だけでなく他者の欲求を尊重する必要があります。あるいは社会的なルールを守る必要もあります。それは「列に割り込まない」とか「信号を守る」とかそういう簡単なことから、「他人を誹《ひ》謗中傷《ぼうちゅうしょう》しない」「他人を傷つけない」といった他者の人権を尊重することまで、多岐にわたります。私たちは自らの人権が守られる必要がありますが、同時に他者の人権を守る責任もあるのです。

「チャイルド」は「チャイルド」であるがゆえに、ときに暴走したり、他人のことが考えられなくなったりすることがあります。いわゆる「わがまま」「自己中」にふるまいすぎることもあります。そういうときは、「ヘルシーさん」が気づいてあげて、「チャイルド」を律することが、この第五の欲求を満たすことになります。

たとえば「えみちゃん」は夜更かしやお菓子が大好きで、夜中になってもお菓子を食べながらビデオやYouTubeを見続けて、寝るのを拒むときがあります。これがお休みの前の晩なら、「ヘルシーさん」も容認して、「じゃあ今日は特別に午前二時まで起きてていいからね。チョコレートも食べちゃおっか！」と「えみちゃん」を甘やかすのも「あり」ですが、翌日が朝から晩まで仕事で忙しいのであれば、「やだ！　まだ寝たくない！　もっとお菓子を食べながらビデオを観たいんだもん！」という「えみちゃん」の欲求の言いなりになるわけにはいきません。なぜならそれをすることで、翌日、睡眠不足でかえって「えみちゃん」がつらくなってしまうことが、「ヘルシーさん」には分かっているからです。

だからそういう場合は、「えみちゃん」を上手になだめて、寝かしつける必要があります。ここで重要なのは、無理やりなだめたり、叱ったりするのではなく、「えみちゃん」の欲求は受容しつつ、「でもね！　もうそろそろ寝ないと、明日の朝、起きられなくなっちゃうし、昼間に眠くなってつらくなっちゃうから、今日はここまでにしておこう。また明日の夜、ちょっとだけお菓子を食べながら、ビデオの続きを観ようね」とやさしく上手になだめることです。

対人関係でも同じです。仮に学校や職場で大嫌いな人がいたとしても、一方的に「私はあんたが嫌い！」「あんたなんか大嫌いだから、どこかに行ってよ！」「お前なんか死んでしまえ」といった暴言を吐いたり、傷つけたりする権利は、誰にもありません。嫌いな人であっても、その人の人権は、自分の人権と同様に守られる必要があります。ですから、「チャイルド」が「あの人、大嫌い！」と言うのを否定する必要がありませんが（これは第三の欲求に関わることです。「チャイルド」の思いや気持ちはそのまま聞いてあげる必要があります）、それを声に出して言うことについては、「あなたがあの人のことを嫌いなのはよくわかった。嫌いな人がいたって全然いいんだよ。でもそれを口に出して言うのは、誰かを傷つけることになるから、それはやめておこうね。私にはいくらだって「あの人嫌いだ！」と言っていいからね」と「ヘルシーさん」が「チャイルド」に言ってあげる必要があります。

このように、この第五の欲求に関しては、「チャイルド」の言いなりになるのではなく、「少し成長したチャイルド」と「ヘルシーさん」が結託して、「真に自分にとってよいこと」を選択する必要があります。でもそうやって自分を律することができるようになり、他者と協調的に生きられるようになれば、結果的にそれは「チャイルド」を幸せに導くことになるので、やはり必要なことなのです。そういう意味では、この第五の欲求に関しては、「ヘルシーさん」のそれこそ「ヘルシー」な判断が重要になってきます。

実践ワーク

五つの「中核的感情欲求」については何度も読み返して、暗記してソラで言えるようになるぐらいになってください。そしてまずは一番重要な第一の欲求「無条件にそのままの自分を愛してもらいたい。守ってもらいたい。理解してもらいたい」を日々、満たすよう実践し続けてください。そのうえで、第二から第五の欲求についても、「今、チャイルドが満たされる必要がある欲求は何か」ということを「ヘルシーさん」がその都度判断し、具体的な言葉と行動を通じて満たしてあげるようにしてください。第二の欲求だったら「こうしてごらん！」「よくできたね」と声をかける、第三の欲求だったら「あなたはどう思うの？」「あなたはどうしたいの？」と問いかける、第四の欲求だったら「一緒に楽しいことをしよう」「何して遊ぶ？」と声をかける、第五の欲求だったら、「歯磨きしようか」「今日はもう寝ようか」とガイドする、といった具合です。「ヘルシーさん」が「チャイルド」の欲求に耳を傾け、日々それを満たそうとすることを続けることが、「自分にやさしくする生き方」に直結することを実感できるようになるまで、そして実感できるようになったらなおさら、中核的感情欲求を満たすという実践を生涯続けてください。

第8章　セルフ・コンパッションを理解し、実践する

さて、本書もいよいよ最終章となりました。この第8章では、「セルフ・コンパッション」という考え方と方法を紹介します。「セルフ・コンパッション」は、日本語にすれば「自分への思いやり」ということになります。「自分にやさしくすること」と言い換えることもできます。ということは、本書でこれまで紹介してきた考え方や方法すべてがこの「セルフ・コンパッション」に直結します。つまり第1章から第7章までの「実践ワーク」を実践していただければ、セルフ・コンパッションはほぼ達成されたことになります。セルフ・コンパッションのアイディアと方法は、本書のそこここにちりばめられているのです。

したがって本章では、セルフ・コンパッションについて簡単に紹介したうえで、本書との関わりについて解説していきます。

1　セルフ・コンパッションとは

すでに紹介した通り、セルフ・コンパッションとは日本語にすれば「自分への思いやり」ということで、それについては本書でずっと紹介してきたのですが、心理学的な理論や概念としての「セルフ・コンパッション」は、米国のクリスティン・ネフとクリストファー・ガーマーが開発、提唱してきたものです。彼らの提唱するセルフ・コンパッションは、今や、世界中において実践され、その効果が検証されています。私自身、セルフ・コンパッションを意識した「自分にやさしくする」実践を続けていますし、カウンセリングにもセルフ・コンパッションを積極的に取り入れています。

ここでは彼らが提唱するセルフ・コンパッションについてその概要を紹介し、それが本書の内容とどのように関連するか、といったことについて解説します。ネフとガーマーの提唱するセルフ・コンパッションについてさらに詳しく知りたい方は、最後に何冊か本を紹介しますので、ぜひそれらをご参照ください。

彼らが提唱するセルフ・コンパッションは、以下の三つの構成要素から成っています。

①マインドフルネス
②自分へのやさしさ
③共通の人間性

これらの三つについて解説していきます。

①マインドフルネス

マインドフルネスとは、「「今、ここ」の自らの体験に対して、オープンな気づきを向け、どんな体験であれ、それをジャッジせず、そのまま受け止め、感じること」を言います。本書ではこれまで「マインドフルネス」という言葉を使いませんでしたが、これは本書の第I部（「自分にやさしく気づきを向ける」）で記述したことに大いに関連しています。特に第1章の「1 ストレッサーに気づく」「2 ストレス反応に気づいて外在化する」というセルフモニタリングは、マインドフルネスの第一歩として不可欠です。マインドフルネスはストレス体験に限らず、全ての体験に対して実践できますから、「5ストレス以外もセルフモニタリングしてみよう」も同様にマインドフルネスの第一歩となります。

そのうえで、マインドフルネスにおいて決定的に重要なのは、第2章の「2「チャイルド」が感じるストレス反応を「ヘルシーさん」が受容する」のワークです。ここでのワークでは、「チャイルド」が何を感じて、何を思っても、「ヘルシーさん」はそれをジャッジしないで「そっか」「そうだよね」と徹底的に受け止めました。これがさきほどのマインドフルネスの定義の後半（「ジャッジせず、そのまま受け止め、感じること」）に該当します。つまり、本書の第1章、第2章のいくつかのワークを実践することが、実はそのままマインドフルネスの実践になるので、セルフ・コンパッションにおける第一の構成要素「マインドフルネス」は、実はみなさんはすでに実践できていることになります。ぜひそれらの実践をこれからも続けてください。

②自分へのやさしさ

セルフ・コンパッションにおける「自分へのやさしさ」とは、「他人にやさしくするのと同じように、自分にやさしくする」という意味です。特に、何かに失敗してしまったとき、心身の調子が悪いとき、思うように物事に取り組めないとき、つまりネガティブな状況や状態にあるときに、私たちは自分のことを責めがちです。「何で失敗なんかするの?」「自己管理がなっていないからだ」「もっと上手くやればいいのに」などとつい思ってしまうのです。

これが他人、特に自分にとって大切な人だったらどうでしょう。「今回は運が悪かったんだよ」「あなたはよく頑張った」「調子が悪いとつらいよね」「どうすればいいか、一緒に考えてみよう」などと、思いやりに満ちたやさしい言葉をかけるのではないでしょうか。セルフ・コンパッションでは、特につらかったり苦しかったりするとき、他人に声をかけるように自分自身にやさしくしましょう、ということを「自分へのやさしさ」として提唱しています。

ではこれについては本書のどこでどのように触れていたでしょうか? ここまで読んでくださったみなさんなら、おわかりになると思いますが、第Ⅰ部「自分にやさしく気づきを向ける」における第2章「3「ヘルシーさん」が「チャイルド」を、共感し、承認し、ケアする」は、セルフ・コンパッションにおける「自分へのやさしさ」にそのまま該当します。また、第Ⅲ部「「自分にやさしくする」スキルを身につける」の「第6章　安心安全を自分に与える」および「第7章 中核的感情欲求に気づいて、満たす」に書いてあること全てが「自分へのやさしさ」に該当します。

つまり本書の第Ⅰ部、第Ⅲ部に書いてあることのほとんどが、セルフ・コンパッションにおける「自分へのやさしさ」と重なるのです。「自分にやさしくする生き方」というタイトルの本書ですから、当然といえば当然ですね。

③共通の人間性

ネフとガーマーのセルフ・コンパッションの第三の構成要素である「共通の人間性」についてはどうでしょうか。これは一読しただけではピンとこないかもしれませんが、「全ての人間に痛みや苦しみがあり、人は根本的に同じ存在である」という考え方です。苦しみを通じて、人は他者とつながることができると、セルフ・コンパッションでは考えます。

2　困難や悲しみのなかに「共通の人間性」を見出す

この考え方については、これまで本書で触れてきてはいませんでした。第Ⅱ部で「周囲からのサポートを受ける」ということについては具体的に述べましたが、「自分も他人も、その人生に苦しみがあるという意味では、みんな同じ存在である」という「共通の人間性」とはちょっとニュアンスが異なりますよね。

私がセルフ・コンパッションを学び始めて、一番響いたのが、この「共通の人間性」でした。認知行動療法やマインドフルネスやスキーマ療法はすでに学んでいたので、「マインドフルネス」「自分へのやさしさ」については知識もあり、実践も続けていたのですが、この「共通の人間性」という考え方については、セルフ・コンパッションを学ぶことで初めて知りました。そしてあらためて「なるほどな」と思いました。人は生きていくうえでさまざまな苦しみや痛みがあり、苦しいときには「こんなにつらいのは自分だけだ」と思いがちですが、苦しいときこそ、「この苦しみは人類共通のものなんだ」と思ってみたほうが、その苦しみをマインドフルに抱えていられることに、セルフ・コンパッションを実践するなかで気づくことができました。

たとえば身近の人の死。数年前に母を亡くす直前に（入院している病院から「危ない」との連絡を受け、病院に向かっている最中）、「自分は母を亡くした経験がない。母が亡くなったら、私はどうなってしまうんだろう？」と一瞬恐ろしくなり混乱しかかったのですが、「親を亡くす、という体験は、多くの人が人生のなかで必ず体験することだ。だったら私も私らしく母とお別れができるだろう」と思い直すことができました。これが「共通の人間性」です。

また、五〇代に入って更年期を迎えて心身ともにさまざまな不調が出て苦しんでいたとき。それはとてもつらかったのですが、「女性であれば、そして早死にせずに五〇歳ぐらいまで生き延びれば、更年期は誰もが体験することだ。なかなかやっかいな体験だけれども、医療の助けを借りながらなんとか乗り切ろう」と思うことによって、それこそなんとか乗り切りつつあります。更年期に入ってから、婦人科の受付で待っている他の同年代の患者さんたちを「仲間、同士」、街で見かける高齢の女性たちも「先ゆく仲間、先輩」と思うようになり、「そうだ、みんなおんなじだよね」「みんな、苦労してこの時期を通り過ぎていくんだよね」と思えるととても心強いのでした。これも「共通の人間性」です。

もっと言えば、たとえば働くこともそうでしょう。働くことにはさまざまな喜びや充実感を伴いますし、働くことによって生きるための収入を得ることができるので、それは私にとっては生きていくうえで不可欠なことですが、やっぱり働くことに伴うさまざまな苦労やつらさがあります。正直言って、「働きたくないな。宝くじを当てて働かずに生活できればなあ」などと思うこともあります。でもおそらく多くの人がそんなふうに思いながらも働きながら生活していると思うので、そうすると全ての働く人と私も同じなんだ、と思えます。それも「共通の人間性」です。一〇代のみなさんであれば、勉強や受験の苦しさというのも当てはまるでしょう。

さらに言ってしまえば、生きて、老いて、病んで、死ぬこと。この世に人間として生まれてしまったこと。すべてが「共通の人間性」なのです。

若いときの私はもっと能天気で、「生きる」ことについて深く考えたりすることもなかったのですが、五〇代半ばまで生きてきて、いつまで生きるかはわかりませんが、これからますます老いて、病んでいくことは間違いありません。そしていつか必ず死を迎えます。生きることはなかなか、いやかなり困難なことだと今の私は実感しています。こんな困難な体験をするために、なぜ、わざわざ生まれてきてしまったんだろう、などという考えも頭をよぎります。しかし、これもみんな一緒なんですよね。みんな、自ら望むことなくこの世に生を受け、死ぬまでは生きていくしかない。生きるなかではさまざまな困難に遭遇する。老いて病んで死んでいく。これが究極の「共通の人間性」と言えるのではないでしょうか。となれば、私もすでに亡くなった数多《あまた》の人たちと同じように、そして今地球上で生きている全ての人と同じように、死ぬまでは生きていきましょう、と受け入れることができます。

あるいは自分より先に、共に生きるパートナーや、自分より若い家族やきょうだい、友人が死んでしまうこと。大切な存在を失ってしまうこと。想像すると、自分が死ぬより、こっちのほうがさらに苦しくつらい気がします。でもそういう体験だって、ほとんどの人が生きている限り、かならずするものです。想像するだけで、悲しみに引き裂かれるような思いがしますが、でもそうやって大切な人を亡くして、それでもみんな、なお自分自身の命を生きるしかありません。これもやはり私にとっては究極の「共通の人間性」というように感じられます。

このように、悲しいこと、つらいこと、困難なことに遭遇したとき、働くことや生きることがしんどいとき、そのつらさやしんどさに対して「マインドフルネス」と「自分へのやさしさ」を実践すると同時に、その体験に「共通の人間性」を見出すこと、それによってセルフ・コンパッションは完成します。

実践ワーク

「セルフ・コンパッション」という新たな言葉を覚えました。これまで本書で紹介してきたさまざまな方法を、セルフ・コンパッションの①マインドフルネス、②自分へのやさしさに関連づけてこれからも実践を続けましょう。そしてつらいとき、しんどいときこそ、セルフ・コンパッションの③共通の人間性、に思いを馳《は》せるようにしてみましょう。

●第Ⅲ部の参考文献

クリスティン・ネフ、クリストファー・ガーマー著『マインドフル・セルフ・コンパッションワークブック』富田拓郎監訳（星和書店、二〇一九）
クリスティン・ネフ著『セルフ・コンパッション［新訳版］』石村郁夫・樫村正美・岸本早苗監訳（金剛出版、二〇二一）
クリストファー・ガーマー著『マインドフルネスそしてセルフ・コンパッションへ』伊藤絵美訳（星和書店、二〇二四）
伊藤絵美『自分でできるスキーマ療法ワークブック（Book1,2）』（星和書店、二〇一五）
武藤崇『ACT　不安・ストレスとうまくやる　メンタルエクササイズ』（主婦の友社、二〇二三）
伊藤絵美『コーピングのやさしい教科書』（金剛出版、二〇二一）
渡辺範雄『自分でできる「不眠」克服ワークブック：短期睡眠行動療法自習帳』（創

元社、二〇一一）
岡島義・井上雄一『認知行動療法で改善する不眠症』（すばる舎、二〇一二）
Testosterone『「運動しなきゃ…」が「運動したい！」に変わる本』（U-CAN、二〇二三）
服部信子『今すぐできる心の守りかた　フラッシュバック・ケア』（KADOKAWA、二〇二四）
白川美也子『赤ずきんとオオカミのトラウマ・ケア：自分を愛する力を取り戻す〔心理教育〕の本』（アスク・ヒューマン・ケア、二〇一六）
白川美也子『トラウマのことがわかる本 生きづらさを軽くするためにできること（健康ライブラリー　イラスト版）』（講談社、二〇一九）

あとがき――共に、自分にやさしくする生き方を実践し、自分たちにやさしい社会を作り、平和な世界をつくっていきましょう

ここまでお読みくださり、本当にありがとうございます。この本を書くにあたって、「頑張り過ぎない」「自分を追い込まない」「自分にやさしくする書き方」を実践すると予《あらかじ》め決めていました。そうでないと、本書が説得力を失ってしまうからです。以前であれば、自宅で朝早く、あるいは夜遅く、外出するときはPCを持参してカフェや電車のなかで原稿を書き続けていました。本当に追い込むようにして本を書いたり翻訳作業をしたりしていました。今思うと、なぜあそこまで頑張っていたのでしょうか。それはちっとも「自分にやさしく」することではありませんでした。

「まえがき」にも書いた通り、その後、さまざまな出来事や自分自身の不調を体験し、それと同時にスキーマ療法やセルフ・コンパッションに出会ったことによって、「自分にやさしくする」ことが絶対に必要であること、そうでないと自分が壊れてしまうとい

うことに切実に気づき、私自身も生活の仕方、仕事の仕方、フリータイムの使い方を徐々に変えていきました。そのときのキーワードが「自分にやさしくする」でした。

本書では私自身も実践中の「自分にやさしくする」さまざまなスキルをご紹介しました。本書の全てとは言いません、気に入ったワークをぜひこれからも実践し続けてください。そして「自分にやさしくする生き方」を実現してください。

私が本気で望んでいることがあります。それは、「自分にやさしくする生き方」を志向する人がどんどん増えていくことです。「自分にやさしくする生き方」ができる人は、自分を大切にしながら同時に他人にもやさしくすることができます。みんなが自他に対してやさしくすることができれば、それは平和にもつながります。というか、世界平和のためにはそれしかないのだと信じています。この世界は残念ながら、やさしさの反対である「憎しみ」がまだまだ蔓延《はびこ》っていて、いたるところで紛争や虐殺が起きています。この日本でも、虐待やハラスメントや性暴力やネットの世界での誹謗中傷《ひぼうちゅうしょう》が日々起きており、心が痛くなることがしょっちゅうです。でも、そういうの、本当にもうやめませんか。自分にやさしくして、他人にもやさしくしましょうよ。全ての人の「チャイルド」の中核的感情欲求が満たされる社会を作りましょうよ。それが私の「ヘルシーさん」と「チャイルド」が真に願っていることです。本書が、ささやかながらでも、そのための助けになるのであれば、こんなにうれしいことはありません。

最後に、本書の執筆を勧めてくださり、そして私が「自分にやさしくする書き方」しかしないので、結果的に原稿が仕上がるのを辛抱強く待っていただくことになってしまった筑摩書房の甲斐いづみさんに感謝申し上げます。このような機会をくださり、そして私のペースで書かせてくださりありがとうございました。

伊藤絵美

二〇二四年九月八日

ちくまプリマー新書

380
自分をたいせつにする本
服部みれい
からだを温める。深く呼吸する。自分と打ち合わせをする。自分の年表を作る。体や心をたいせつにするワークで、自分の気持ちに気づいてなりたい自分になる。

276
はじめての哲学的思考
苫野一徳
哲学は物事の本質を見極める、力強い思考法を生み出してきた。誰もが納得できる考えに到達するためのその思考法のエッセンスを、初学者にも理解できるよう伝える。

287
なぜと問うのはなぜだろう
吉田夏彦
ある／ないとはどういうことか？ 人は死んだらどこへ行くのか——永遠の問いに自分の答えをみつけるための、哲学的思考法への誘い。伝説の名著、待望の復刊！

292
ＱＯＬって何だろう
——医療とケアの生命倫理
小林亜津子
医療が高度化した現代、長生きだけが「幸せ」なのか？ 医療と人間性の接点をＱＯＬ（生活の質）に求め、人生百年時代の「よく生きる」を考える、生命倫理学入門。

308
幸福とは何か
——思考実験で学ぶ倫理学入門
森村進
幸福とは何か。私たちは何のために生きているのか——誰もが一度は心をつかまれるこの問題を、たくさんの思考実験を通して考えよう。思考力を鍛える練習問題つき。

ちくまプリマー新書

395
人生はゲームなのだろうか？
――〈答えのなさそうな問題〉に答える哲学
平尾昌宏
読書猿さん推薦！　ルールも目的もはっきりしないこの「人生」を生き抜くために、思考の「根拠」や「理由」をひとつひとつ自分で摑みとる練習を始めよう。

412
君は君の人生の主役になれ
鳥羽和久
管理社会で「普通」になる方法を耳打ちする大人の中で育ち、安心を求めるばかりのあなたは自分独特の生き方を失っている。そんな子供と大人が生き直すための本。

445
人間関係ってどういう関係？
平尾昌宏
家族、恋人、友人――いちばんすぐそばにあり、実はいちばん摑みどころのない「身近な関係」をいちから捉えなおし、人間関係の息苦しさとさみしさをときほぐす。

479
「嘘をつく」とはどういうことか
――哲学から考える
池田喬
「嘘をついてはいけない」と言われるけれど、それでもなぜ人は嘘をつくのだろう？　自分らしさと誠実さの倫理をめぐり「人間の複雑さ」と出合う思考の旅。

238
おとなになるってどんなこと？
吉本ばなな
勉強しなくちゃダメ？　普通って？　生きることに意味はあるの？　死ぬとどうなるの？　人生について、生まれてきた目的について吉本ばななさんからのメッセージ。

ちくまプリマー新書

381
心とからだの倫理学
――エンハンスメントから考える
佐藤岳詩
整形で顔を変えてしまってよいのか。能力や性格を薬によって変えることの是非は？　変化によってあなたと社会はどうなるの？　倫理学の観点から論点を提示する。

385
従順さのどこがいけないのか
将基面貴巳
「みんな、そうしているよ」「ルールだから、しかたがない」「先生がいってるんだから」この発想がいかに危険なものなのか、政治、思想、歴史から解明します。

405
「みんな違ってみんないい」のか？
――相対主義と普遍主義の問題
山口裕之
他人との関係を切り捨てるのでもなく、自分と異なる考えを否定するのでもなく――「正しさ」とは何か、それはどのようにして作られていくものかを考える。

416
君たちが生き延びるために
――高校生との22の対話
天童荒太
誰にもある「ルック・アット・ミー（わたしを気にして）」と言う権利を自覚し、しっかり生き延びてほしい。小説家から若い人へのメッセージ。

453
人生のレールを外れる衝動のみつけかた
谷川嘉浩
「将来の夢」「やりたいこと」を聞かれたとき、なんとなくやり過ごしていませんか？　自分を忘れるほど夢中になれる「なにか」を探すための道標がここにある。

ちくまプリマー新書

459
悪いことはなぜ楽しいのか
戸谷洋志
意地悪、ルールを破るなど、いけないことには絶妙に心躍る瞬間がある。なぜそういった気持ちになってしまうのか。私たちのダメな部分から「悪と善」を考える。

074
ほんとはこわい「やさしさ社会」
森真一
「やさしさ」「楽しさ」が善いとされ、人間関係のルールである現代社会。それがもたらす「しんどさ」「こわさ」をなくし、もっと気楽に生きるための智恵を探る。

079
友だち幻想
——人と人の〈つながり〉を考える
菅野仁
「みんな仲良く」という理念、「私を丸ごと受け入れてくれる人がきっといる」という幻想の中に真の親しさは得られない。人間関係を根本から見直す、実用的社会学の本。

169
「しがらみ」を科学する
——高校生からの社会心理学入門
山岸俊男
社会とは、私たちの心が作り出す「しがらみ」だ。「空気」を生む社会そのものの構造を解き明かし、自由に生きる道を考える。KYなんてこわくない！

189
ぼくらの中の発達障害
青木省三
自閉症、アスペルガー症候群……発達障害とはどんなもの？ 原因や特徴、対処法などを理解すれば、障害を持つ人も持たない人も多様に生きられる世界が開けてくる。

ちくまプリマー新書

207
好きなのにはワケがある
――宮崎アニメと思春期のこころ
岩宮恵子
宮崎アニメには思春期を読み解くヒントがいっぱい。物語は、言葉にならない思いを代弁し、子どもから大人への橋渡しをしてくれる。作品に即して思春期を考える。

222
友だちは永遠じゃない
――社会学でつながりを考える
森真一
親子や友人、学校や会社など固定的な関係も「一時的協力理論」というフィルターを通すと、違った姿が見えてくる。そんな社会像やそこに見いだせる可能性を考える。

236
〈自分らしさ〉って何だろう？
――自分と向き合う心理学
榎本博明
青年期に誰しもがぶつかる〈自分らしさ〉の問題。答えを見出しにくい現代において、どうすれば自分らしく生きていけるのか。「自己物語」という視点から考える。

262
レジリエンス入門
――折れない心のつくり方
内田和俊
人生には心が折れやすくなる時期がある。どうすればそれを乗り越え、成長できるのか。心の自然治癒力＝「レジリエンス」を高め、たくましく生きる方法を伝える。

270
「今、ここ」から考える社会学
好井裕明
私たちがあたりまえと思って過ごしている日常を社会学を使って見つめ直してみよう。疑いの目を向けることで新しい世界の姿が浮かびあがってくる。

ちくまプリマー新書

293
「対人不安」って何だろう？
——友だちづきあいに疲れる心理
榎本博明
友だちに嫌われることを恐れ、ホンネを出せない若者が多い。そこに巣くう「対人不安」のメカニズムを考え、人の目や不安を前向きに受け止めるヒントを説く。

316
なぜ人と人は支え合うのか
——「障害」から考える
渡辺一史
障害者を考えることは健常者を考えることであり、同時に自分自身を考えること。なぜ人と人は支え合って生きるのかを「障害」を軸に解き明かす。

317
ある若き死刑囚の生涯
加賀乙彦
キリスト者として、歌人として、生と死に向き合った死刑囚・1968年の横須賀線電車爆破事件の犯人純多摩良樹の後半生の壮絶な生き様を豊富な資料を元に描く。

336
ダイエット幻想
——やせること、愛されること
磯野真穂
モテたい、選ばれたい、認められたい……。ダイエットの動機は様々だけど、その強い思いで生きづらくなっていませんか？　食べると生きるをいま見つめなおそう！

359
社会を知るためには
筒井淳也
なぜ先行きが見えないのか？　複雑に絡み合う社会を理解するのは難しいため、様々なリスクをうけいれざるを得ない。その社会の特徴に向き合うための最初の一冊。

ちくまプリマー新書

ちくまプリマー新書

402
ヤングケアラーってなんだろう
澁谷智子
中学校の1クラスに2人はいる――家族の世話や家事を行う子どもたちを指す「ヤングケアラー」。彼らがおかれた状況や支援の取り組みを知るための一冊。

403
私たちはどう学んでいるのか
――創発から見る認知の変化
鈴木宏昭
知識は身につくものではない!? 実は能力を測ることは困難だ!? 「学び」の本当の過程を明らかにして、教育現場によってつくられた学習のイメージを一新する。

404
やらかした時にどうするか
畑村洋太郎
どんなに注意しても、失敗を完全に防ぐことはできない。ピンチはチャンス！ 失敗を分析し、糧にする方法を身につけて、果敢にチャレンジできるようになろう！

418
「心のクセ」に気づくには
――社会心理学から考える
村山綾
私たちの心の動きはある型にはまりやすい。しかも、その傾向にはメリットとデメリットが存在する。不安やいざこざを減らすために、心の特徴を学ぼう。

421
集団に流されず個人として生きるには
森達也
過剰に叩かれる宗教団体、危機を煽るメディア、ネットの炎上……集団は強い絆と同調圧力を生み、時に暴走する。そこで流されないためにはどうすればいいのか。

ちくまプリマー新書

426
嫌な気持ちになったら、どうする？
――ネガティブとの向き合い方
中村英代
ちょっとした不安から激しい怒りまで、気持ちがゆれることは誰にもある。でも、それに振り回されるのではなく、性質や特徴を知ってこの気持ちに対処しよう。

427
客観性の落とし穴
村上靖彦
「その意見って、客観的なものですか」。数値化が当たり前になった今、こうした考え方が世にはびこっている。その原因を探り、失われたものを明らかにする。

428
「死にたい」と言われたら
――自殺の心理学
末木新
日本人の約２％が自殺で死亡している。なぜ自殺は起こるのか、自殺は悪いことなのか、死にたい気持ちにどう対応するのか――心理学の知見から考える。

433
10代の脳とうまくつきあう
――非認知能力の大事な役割
森口佑介
幸福な人生のためには学力以外の能力も重要。目標の達成に関わる「実行機能」や、自信に関わる「自己効力感」など、10代で知っておきたい非認知能力を大解説！

435
はじめてのフェミニズム
デボラ・キャメロン
向井和美訳
女性にはどんな権利が必要？「女の仕事」はどう生まれた？ 多様で複雑なフェミニズムの議論の歴史を、多様で複雑なまま、でもわかりやすく伝えます。

ちくまプリマー新書484
自分《じぶん》にやさしくする生《い》き方《かた》

二〇二五年三月十日　初版第一刷発行
二〇二五年四月十五日　初版第二刷発行

著者　伊藤絵美（いとう・えみ）

装幀　クラフト・エヴィング商會

発行者　増田健史

発行所　株式会社筑摩書房
東京都台東区蔵前二-五-三　〒一一一-八七五五
電話番号　〇三-五六八七-二六〇一（代表）

印刷・製本　中央精版印刷株式会社

ISBN978-4-480-68515-5 C0211 Printed in Japan